KB119228

아름다운재단 | 나눔북스

따뜻하고 만족스러운 참견은 기본이죠~
배려와 관용을 실천하면 따뜻한
만족을 느끼는 게 보통사람이겠죠?
나와 상대가 만족하는 행동은
참견을 잘한 것이라 생각해요.

이 책은 (주)에스아이파크토리에서
아름다운재단에 조성한
'파크토리커피마음기금'으로 출판되었습니다.

참 고맙습니다.

아름다운재단 ┃ 나눔북스

이야기 모금 원리

나남
nanam

아름다운재단 나눔북스 16

이야기 모금 원리

2021년 5월 1일 발행
2021년 5월 1일 1쇄

지은이   이원규
발행인   趙相浩
발행처   (주) 나남
주소   10881 경기도 파주시 회동길 193
전화   (031) 955- 4601 (代)
FAX   (031) 955- 4555
등록   제 1-71호 (1979. 5. 12)
홈페이지 http://www.nanam.net
전자우편 post@nanam.net

ISBN   978-89-300-4081-5
ISBN   978-89-300-8655-4 (세트)

책값은 뒤표지에 있습니다.

 이 책은 아름다운재단 나눔북스 제2회 국내서 공모 당선작 (2019) 으로,
(주)에스아이파크토리에서 아름다운재단에 조성한
'파크토리커피마음기금'으로 출판되었습니다.

아름다운재단 나눔북스 16

이야기 모금 원리

이원규 지음

나남
nanam

이 책을
현장의 모금가와 행복한 기부자에게
바칩니다.

비영리 모금 분야에 몸담은 지도 어느덧 20여 년이 되었다. 그동안 비영리단체의 다양한 모금 현장을 경험했고, 여러 리더를 만났으며, 수많은 실무자와 상담했다. 모금 교육장에서 이런저런 의견을 나눈 교육생도 많았고, 직접 얼굴을 맞대고 긴 시간 동안 이야기를 나눈 멋진 기부자도 적지 않았다.

그리고 거대한 모금 캠페인을 위한 분석과 기획, 모금 직원 선발을 위한 면접도 했다. 모금명분서나 모금 아이템(사용처) 설명서는 물론이고 모금행사의 축사나 단체장 발표문, 모금 만찬의 사회자 큐시트도 작성해 보았고, 행사에서 직접 기부요청도 해보았다. 후원자 선물을 같이 고른 적도 여러 번 있었다.

반면 시작도 못 해보고 중단한 모금 기획도 많았고, 시작은 했으나 중간에 방향이 달라져 예상치 않은 곳으로 흘러간 모금 캠페인도 여럿 있었다. 어떤 단체에서는 모금이 안 될 것 같으니 컨설팅을 받을 필요가 없다는 말을 야멸차게 전달한 적도 있다.

긴 세월 동안 모금을 잘해서 목표를 향해 달려가며 사회적 영향력을 확대하는 단체를 보는 것은 정말 즐겁고 기쁜 일이었다. 그러나 그보다 더 즐거운 것은 비영리단체에 기꺼이 기부하고 행복해하는 기부자가 늘어나는 것을 보는 일이었다. 그런 행복한 기부자를 직접 만났을 때는 물론이고 어떤 모금가가 행복한 기부자를 만났다는 이야기를 들을 때에도 이 분야에서 일하는 보람을 느꼈다. 단체의 모금활동은 점점 개선되었고 행복한 기부자도 늘어났다.

모금에 관심을 갖고 궁금해하며, 모금을 더 잘해 보고 싶다는 단체장이나 실무자를 만나면 이런 성공 사례 이야기를 들려주면서 자신감을 불어넣어 주곤 했다. 다른 단체가 여러 어려움을 극복하고 이루어 낸 일련의 사례는 모금 실무자에게는 물론 단체의 책임자에게 큰 용기와 희망을 주었다. 그만큼 이야기는 큰 힘이 있다. 독자 여러분도 이책의 이야기들을 읽고, 자신의 경우와 비교하고 또 평가해 보면서 자신감과 기대감을 가지는 것은 물론 필요한 지식과 지혜도 얻을 수 있길 바란다.

이 책에서는 성공적 모금 이야기와 함께 다소 부족하거나 아쉬웠던 이야기 또한 다루었다. 비영리의 다른 분야와 마찬가지로 모금 분야에서도 성공 사례는 적잖이 알려져 있다. 비록 일간지에 특집기사로 자주 실릴 정도는 아니지만 모금 교육이나 세미나, 컨퍼런스에서는 자신의 성공적 모금 사례를 공유하는 경우가 많다. 반면에 뭔가를 시도했다가 쓰라린 결과를 남긴 경험은 관련된 몇 사람의 기억 속 깊은 곳으로 사라져갈 뿐, 세상 밖으로 나오지 않는다. 아픈 경험을 스스로 굳이 드러낼 이유가 없고, 다른 단체나 모금가의 실패를 제 3자가 대신 들춰낼 이유는 더욱 없다. 그래서 실패한 또는 그렇게 보이는 사례는 거의 알려지지 않는다.

　그러나 실제로는 실패 사례가 성공 사례보다 훨씬 더 많을 것이고, 이 실패 사례도 우리에게 큰 도움이 된다. 중요한 것은 성공 사례냐 실패 사례냐가 아니라 사례로부터 무엇을 배워 우리 것으로 만들 것인가 하는 문제다. 무엇보다 한 단계 더 높은 성장과 성숙은 실패의 경험을 극복하면서 일어난다는 것을 많은 사람들은 알고 있다. 그래서 성공 사례 못지않게 실패 사례를 궁금해하는 사람들이 많다. 이것이 이 책에서 성공 사례는 물론 실패 사례도 포함한 이유이다.

　사례 이야기는 여러 개의 모금 관련 주제를 정해 그 주제에 맞는 것을 선정하여 정리했다. 또 각 주제마다 비교 가능한 여러 이야기를 제시하여 독자 여러분의 이해를 돕고자 했다. 다만 한 가지 이야기 안에도 성공 요인과 실패 요인이 섞여 있는 것이 현실이므로, 한 주제에 해당하는 사례가 다른 주제에 부합하기도 한다.

　주제는 모금의 가치와 초점에서부터 모금준비, 거액모금 및 소액모금, 모금윤리 등을 포함하여 11가지를 다루었다. 한 주제마다 2∼5개의 이야기가 들어 있어 독자 여러분은 총 34개의 이야기를 살펴볼 수 있다. 개인의 선호나 필요에 따라 관심 있는 주제를 먼저 찾아보는 것도 좋겠지만, 처음부터 순서대로 살펴보는 것이 전체 맥락을 이해하는 데 도움이 될 것이다.

　첫 이야기와 11장의 두 이야기를 제외한 모든 이야기는 우리나라의 모금 현장에서 실제로 있었던 일을 바탕으로 했다. 단, 등장하는 인물 및 단체 이름, 장소, 모금액 등은 조금씩 고쳐 각색하였고, 그 내용과 흐름, 결과의 핵심은 최대한 살렸다.

　컨설팅이나 교육을 진행할 때 미국을 비롯한 해외 사례를 소개해 달라는 경우도 있지만, 더 궁금해하는 것은 우리나라의 사례이다. 이런 요청이 있을 때마다 가끔 한두 가지 사례를 짧게 소개한 적이 있지만, 이렇게 다량으로 풀어놓는 것은 처음이다. 모든 이야기에 대해 공개 여부를 확인하는 과정을 거치지 못하고 각색한 것은 양해를 구한다.

여러 가지 이야기를 소개하고 해설하는 것만으로는 부족하다고 생각하여, 각 이야기의 해석과 이해를 풍부하게 해줄 이론과 모델, 원칙 등을 일부 함께 소개했다. 이야기를 살펴보는 것이 재미를 위한 것만은 아니므로, 이야기에 모금 현장을 분석하고 평가하고 대비할 수 있는 이론이나 모델을 결합한다면 독자 여러분에게 더 큰 힘이 될 것이다. 이야기와 함께 포함한 내용 중 몇 가지는 실무에 바로 적용하여 관행으로 정착시킬 수 있으므로, 이야기뿐만 아니라 관련 이론의 내용도 자세히 살펴보길 바란다.

이야기와 관련하여 마지막으로 강조하고 싶은 것이 있다. 이 책의 이야기들은 지금까지 공개된 모금 사례와 초점, 전개, 평가 등에서 차이가 있다. 그동안 여러 곳에서 우리나라의 모금 사례를 정리하고 공유하였으며, 지금도 인터넷이나 각종 교육자료를 살펴보면 성공적 모금 사례를 소개한 것을 찾아볼 수 있다. 이 모금 사례들은 대부분 어떤 특정 사업이나 이슈 해결을 위해 이를 홍보하고 호소했더니 기부금이 들어오고 사업이 잘되었다는 스토리를 담고 있다. 사업이나 프로그램 중심으로 해석한 모금 사례들이다. 하지만 이 책에서 소개하는 이야기는 비영리단체의 사업이나 프로그램을 중심으로 펼쳐가는 이야기가 아니라, 기부자를 찾고 요청하고 관리하는, 철저하게 모금과 기부자를 중심에 둔 이야기다.

이야기를 기부자 중심으로 정리하다 보니, 자연스럽게 모금의 주안

점도 기부자로 귀결된다. 모금이 모두 기부자로만 설명되거나 실행되지는 않지만, 모금활동의 중요한 핵심 사항들은 기부자 중심으로 설명되고 진행될 수 있다. 이 '기부자 중심 모금'이라는 말은 이제 더 이상 낯설거나 어색하지 않다. 기부자로부터 기부금품을 받는 활동인 모금이 기부자 중심이 되는 것은 당연한 이치이기 때문이다.

모금을 사회적 영향력 관점에서 살펴볼 때, 기부금을 확보하여 사업을 잘 수행함으로써 해당 분야의 변화를 가져오는 것뿐만 아니라 기부자의 삶과 태도가 변화하고 성숙하는 것 또한 모금의 사회적 영향력의 한 축이다. 이 둘은 대등하게 통합되는 것이 마땅하다. 지금의 모금 관행이 사업이나 단체 중심으로 치우쳐 있으므로, 기부자 중심의 모금 관행을 더욱 강화함으로써 불균형을 바로잡아야 하는 상황인 것은 분명하다. 함께 살펴보는 이야기와 해설이 모금 현장에서 이런 균형과 통합을 이루는 데 기여하기를 바란다.

오늘도 비영리의 모금 현장에서는 성공을 향해 달려가는 수많은 모금활동이 벌어지고 있다. 모든 모금활동이 그 목표를 달성하여 단체가 미션을 완수하고, 기부자가 행복하고 자랑스러워하며, 이 땅과 지구촌이 더욱 살 만한 곳으로 변하는 데 기여하기를 소망한다. 그리고 비록 경제적으로 모금 목표를 달성하지 못하고 실행상에 조금 실수가 있더라도 이를 통해 새로운 배움과 도전으로 이어지는 진정한 성공 스토리를 만들기를 기원한다. 아울러 이 책에서 공유한 이야기들이 현장에서의 시행착오를 줄이고 기부자 중심 모금으로 향하는 방법을 찾는 계기가 되길 바란다.

책이 모양을 갖추고 내용이 채워진 것은 고마운 분들 덕분이다. 무엇보다 오랫동안 현장에서 모금에 헌신하며 이야기를 만들어낸 모금가분들께 감사한다. 이분들의 노력과 헌신이 없었더라면 이 책이라는 결실도 없었을 것이다. 그리고 '공유'와 '도움과나눔'에서 고락을 같이 하며 고객을 위해 오랫동안 함께 노력해온 동료분들께 감사한다. 함께 만들어내고 경험한 것들을 마치 혼자만의 것처럼 기록해서 미안한 마음이 든다.

아름다운재단에서 국내 저자를 발굴하겠다는 과감한 결단을 내리고 이 책을 선뜻 선정해 주신 것에 감사한다. 오랜 기간 동안 의욕적으로 진행한 전통 있는 사업에 함께할 수 있는 기회를 주신 재단과 관계자분들께 감사드린다. 특히 몇 달에 걸쳐 내용을 함께 논의하고 윤문까지 해준 신성규 간사님께 감사의 말을 전하고 싶다. 마지막으로 비영리 분야, 특히 모금 관련 서적의 시장성이 높지 않음에도 사회적 책임감으로 출판을 결심한 나남출판사에도 감사드린다.

현장의 위대한 모금가와 행복한 기부자를 위하여!

2021년 4월

이 원 규

12

차
례

제 1 장

모금, 나눔을 나누다

이야기 101 중국 톈진의 왕 씨네 분식집 *

2016년 11월, KBS 글로벌 뉴스에 중국 톈진의 한 병원 근처 분식집이 소개되었다. 이 분식집 한쪽 벽면에는 뭔가를 적어 넣은 메모지가 빼곡히 붙어 있는 것이 눈에 띈다. 이 메모지에는 분식집 손님들이 자기가 먹은 음식 외에 추가로 값을 낸 음식의 이름과 쾌유를 기원하는 메시지가 적혀 있다.

분식집 사장인 왕옌칭 씨는 경제적 어려움을 겪는 환자 가족들에게 무료 급식을 해오다 경영난을 겪게 되자 이 같은 나눔 방법을 시도했다. 자신만 자선을 베푸는 것이 아니라 손님들에게도 자선을 베풀 기회를 개방한 것이다.

한 노부부는 거의 매일 한 시간 넘게 버스를 타고 이곳에 찾아와 식사도 하고 어려운 이웃도 돕는다며 "보통 사람들도 쉽게 남을 도울 수 있어요. 한꺼번에 많은 돈을 기부할 수 없는 사람도 있잖아요"라고 말한다. 이렇게 찾아오는 기부자가 많은지 분식집은 손님으로 북적댄다.

환자 가족 역시 큰 도움을 받고 있다고 이야기한다. "이곳 식사가 많은 도움

---

* "중국, 낯선 사람에게 밥 사주기 선행", 〈KBS 뉴스〉, 2016. 11. 4.

이 돼요. 절약한 돈을 환자를 위해 쓸 수 있어요." 아마 분식집 사장 혼자서 무료 급식을 할 때보다 더 많은 음식이 제공되고 있는 게 분명하다.

분식집 경영에도 역시 도움이 되는 것으로 보인다. 뉴스 영상 속에는 10여 개의 식당 테이블이 가득 차 있고 기다리는 손님도 있다. 분식집 사장 왕 씨는 갈수록 참여자가 늘고 있다며 아무리 힘들고 어려운 일이 있어도 이 일을 계속해 나갈 생각이라고 말한다.

'모금' 하면 왠지 모르게 '자선'이나 '기부'보다 어색하고 불편한 마음이 생긴다. 기부가 누군가를 돕고자 하는 선한 의지에서 발현되는 자발적이고 고결하며 아름다운 일인 데 비해, 모금은 다른 사람의 돈을 받아내는 활동으로 왠지 억척스럽고 별로 해보고 싶지 않은 일로 여겨진다.

사실 나눔에서 기부는 큰 몫을 차지한다. 현금이나 현물을 비영리단체에 기여하는 것뿐만 아니라 자원봉사 활동도 기부이고, 자신의 인체 조직이나 장기를 기증하는 것도 기부이며, 낯선 사람에게 선의를 베푸는 행동도 기부이다.

그러므로 기부하는 사람이나 그 행동은 참 아름답게 여겨진다. TV나 신문에는 평생 모은 재산을 대학에 기부한 떡볶이집 할머니 이야기가 본받아야 할 따뜻한 미담으로 소개되곤 한다. 반면 모금을 열심히 하는 단체나 활동가는 미담은커녕 뉴스에 소개되는 경우도 거의 없다. 물론 평생 수고하여 모은 재산을 쾌척하는 할머니의 기부는 마땅히 칭송과 존경을 받을 만한 아름답고 선한 행동이 분명하다. 하지만 기부자를 모시느라 고생하는 모금가의 노고도 주목해야 한다.

언론에서 다루는 다른 뉴스 장면 하나를 더 떠올려 보자. 따스한 봄날 주말, 강가를 따라 많은 사람들이 땀을 흘리며 달리고 있다. 후원 마라톤 행사가 진행 중이다. 마라톤을 통해 후원에 참여하는 아름다운 사람들이 화면에 잡히고 인터뷰가 이어진다. 그리고 건강도 챙기고 동시에 어려운 이웃도 돕는 자선 마라톤이 각박한 우리 사회에 한 줄기 희망을 준다는 멘트로 마무리된다. 이 뉴스에서도 우리가 본받아야 할 아름답고 훌륭한 기부나 후원은 있지만, 이를 권면하고 장을 만들어내는 모금활동은 보이지 않는다.

그렇다면 기부는 아름답지만 모금은 비영리단체에 필요한 재원을 조성하거나 기부문화의 활성화를 위해 거쳐야 하는 행정절차에 불과한 것일까? 아니다. 모금은 아름답고 훌륭한 면이 충분히 있다.

왕 씨 모금이 만들어낸 가치

불과 몇 분 되지 않는 짧은 글로벌 뉴스 한 토막이지만, 왕 씨네 분식집 이야기는 모금만의 아름다운 가치를 잘 보여 준다. 분식집 사장인 왕 씨는 자신만의 기부활동을 넘어 다른 사람들의 기부활동을 독려하는 모금을 통해 더 많은 유익을 만들어내고 있다.

첫째, 수혜자*의 유익을 만들어낸다. 병원비 부담이 큰 환자 가족에게 식사 해결이라는 경제적 유익을 제공하는 것은 물론이고, 사회에 도움을 주는 여러 사람이 있다는 사실에 감사와 신뢰를 느끼게 하는 것 역시 큰 유익이다. 이 정서적 유익은 경제적 유익보다 훨씬 크다. 환자와 그 가족들까지 이 유익을 누리기 때문이다. 수혜자의 유익은 모금의 일차적 가치를 구성한다.

• '수혜자'(*beneficiary*)가 마음에 드는 용어는 아니지만, 다른 대안을 찾지 못해 사용한다.

둘째, 기부자의 유익을 만들어낸다. 환자나 그 가족을 위해 추가 음식을 기부하는 메모를 남긴 손님의 멘트는 기부자가 누리는 유익을 잘 보여 준다. 기부는 행복한 사회적 활동이다. 왕 사장의 분식집에서 기부자는 남을 도울 수 있는 기회를 가질 수 있고, 자신의 삶에 대한 자긍심과 행복을 누릴 수 있다. 작은 돈이더라도 기부하면서 자신의 상황과 마음의 깊이에 따라 타인을 위한 나눔에 동참하는 삶을 살게 되는 것이다. 더구나 멀리서 걸어와야 하는 것 같은 약간의 불편이 있더라도 말이다. 기부는 기부자를 행복하게 하는 데 기여할 때 진정한 가치가 있다.

다음으로, 모금의 주체들도 유익을 얻는다. 분식집 사장 왕 씨는 혼자서 무료 급식을 진행하다가 경제적 위기에 봉착했다. 하지만 손님들의 기부를 유도하는 모금활동을 통해 분식집이 다시 활성화되었다. 화면 속 장면을 보면 왕 씨의 분식집은 손님으로 넘쳐난다. 기부자들이 자신을 위해 주문한 음식, 기부자들이 환자 가족을 위해 주문해 놓고 간 음식으로 매출이 늘어난 것으로 보인다. 물론 왕 씨도 자신이 할 수 있는 수준에서 여전히 무료 음식을 제공하지만 혼자서 그 일을 할 때보다 분식집이 활성화된 것은 분명하다. 아마 왕 씨는 자신 말고도 어려운 이웃을 돕고자 하는 이들이 많다는 사실을 확인하면서 또 다른 기쁨과 즐거움을 누리고 있을지 모른다.

마지막으로, 사회의 유익을 만들어낸다. 기부하는 모습이나 남을 돕는 행동을 보는 것은 그 자체로 행복감을 만들어내고 건강에 도움이 되는 호르몬이 분비되도록 한다. 나아가 도움을 주고받을 수 있는 기회가 누구에게나 열려 있고 그런 행동이 실제로 아주 활발하게 이루어지는 모습을 보는 시민들은 사회에 대한 긍정적 기대감과, 살 만한 세

표 1-1 (왕 씨의) 모금이 만들어내는 가치

유익의 대상	유익의 내용	
수혜자 (환자 가족)	• 경제적 유익(치료비) • 정서적 유익(사회적 지지 확인)	모금의 일차적 가치
기부자 (분식집 손님)	• 정서적 유익 (자긍심과 보람)	모금의 확장적 가치
모금가 (분식집 사장)	• 경제적 유익 (나눔 재원 마련, 식당 영업 활성화) • 정서적 유익 (보람, 사회적 지지 확인)	
사회	• 정서적 유익 (사회에 대한 긍정적 기대감)	

상이라는 희망을 갖는다. 왕 씨네 분식집은 나눔의 플랫폼으로서 중국 사회를 밝히는 작은 보물 같은 존재가 되었다.

왕 씨네 분식집의 기부방법에는 또 다른 장점이 있다. 주는 이와 받는 이가 직접 마주하는 상황을 최소화한 점이다. 만약 밥값을 지불한 사람이 그 식대로 음식을 먹고 있는 환자 가족의 앞에 앉아 있다고 가정해 보자. 어떤 사람은 관대한 기부자에게 직접 감사를 표할 수 있어 좋다고 하겠지만, 어떤 사람은 기부자를 직접 만나는 상황이 불편할 수 있다. 왕 씨의 모금방법은 유대인이 말하듯이* 기부자와 수혜자가 서로 직접 알게 되어 발생하는 불편함을 해소하는 수준 높은 방식이다.

물론 왕 씨네 분식집은 현대적 의미의 전문적 모금을 하는 비영리단체는 아니다. 하지만 왕 씨의 이야기는 자신의 자선을 넘어서 사람들의 기부 가치를 실현한 훌륭한 모금 사례에 해당한다. 왕 씨 혼자서 무

---

* 유대인은 기부자가 수혜자에게 직접 돈을 주는 것을 가장 낮은 수준의 기부로 취급한다.

료 급식을 할 때보다 몇 배나 더 큰 사회적 가치를 실현했기 때문이다. 왕 씨네 분식집의 이야기는 모금이 기부를 중심으로 사회적 가치와 영향력을 확대하는 활동이라는 사실을 잘 보여 준다. 다만 모금가는 이 일을 전담하는 사람이며, 비영리단체는 이 가치를 담아내고 흘려보내는 일에 전념하는 확장 채널일 뿐이다.

모금보다 기부나 자선이 쉽다. 기부나 자선은 자신이 가진 재능이나 재물을 적절한 곳에 사용하거나 내어 주면 된다. 삶에 대한 깊은 성찰이나 철학적 준비가 없더라도 순간의 감동으로, 친구를 따라 엉겁결에, 혹은 재미 삼아 하는 것도 가능하다. 하지만 모금은 왕 씨네 분식집의 이야기에서 알 수 있듯이 더 많은 노력과 고민이 필요하며, 따라서 더 많은 사회적 가치를 창출한다.

그러므로 아름답고 훌륭한 기부나 후원만큼이나 아름다운 사회적 행동인 모금의 가치를 제대로 인식할 필요가 있다. 기부나 자선이 세상을 바꾸는 행동이라면, 모금은 그 행동과 마음을 펼칠 장을 만들어 더 많은 이들을 세상을 아름답고 살맛나는 곳으로 바꾸는 일에 참여시키는, 그러면서 함께한 사람들의 소중함을 깨닫게 해주는 총화總和적 활동이라 할 수 있다.

우리에게도 왕 씨가 있다

우리나라의 기부지수는 세계 여러 나라와 비교했을 때 그리 높은 편이 아니다. 채러티에이드재단에서 격년으로 발표하는 세계기부지수에서 우리나라의 기부지수는 점차 개선되는 중이지만 60위권에 머물러 있다.※ 세계 10위권인 우리나라의 여러 경제지표에 훨씬 못 미치며, 여타의 사회지표와 비교해도 아쉬운 수준이다. 그러므로 자신의 재산이나 소득을 사회와 나누는 기부는 더 많아지고 커져야 한다.

우리 주변에서 사람들의 이타심과 자선 의지를 고양하여 의미 있는 일을 해보기 위해 모금활동을 펼치는 사례를 찾아보기란 어렵지 않다. 지하철 1회용 교통카드 보증금을 기부하도록 한다거나, 식당이나 상가의 계산대에 저금통을 비치하는 것은 흔히 볼 수 있다. 그런데 우리에게는 왕 씨 분식집 같은 적극적인 노력은 눈에 띄거나 잘 드러나지 않는다.

이제 자신의 업을 자선이나 나눔과 연계하는 서울의 카페 두 곳을 살펴보자.

이야기 102 서울의 A 카페와 B 카페

서울 강북의 제법 큰 전통시장 부근에는 테이블이 10여 개 놓여 있는 A 카페가 있다. A 카페는 사회적기업에서 운영하는 프랜차이즈 매장으로 여느 카페와 같이 고객을 위해 쿠폰을 발행한다. 음료 10잔을 마시면 보너스로 1잔을 주는 쿠폰(소셜나눔쿠폰)에는 이런 안내문이 적혀 있다. "소셜나눔쿠폰은 지역사회의 어려운 이웃을 위해 보람 있게 사용됩니다." 고객이 만약 이 쿠폰을 사용하는 대신 매장에 기부하면 본사가 이에 상응하는 도움을 지역사회의 어려운 이웃에게 준다.

하지만 매장의 아르바이트 직원은 이 쿠폰에 대해 거의 알지 못한다. 그러

※ 채러티에이드재단Charities Aid Foundation의 세계기부지수World Giving Index에서 평가한 2016년 한국의 기부지수는 75위, 점수는 33%였고, 2019년에는 57위, 32%였다. 참고로 2016년 1위는 미얀마(70%), 2위는 미국(61%)이었고, 2019년에는 미국이 1위로 올라서고 미얀마가 2위를 기록했다.

니 고객에게 소셜나눔쿠폰에 대한 설명이나 기부요청도 적극적으로 하지 않으며, 문의하는 고객도 드물다. 자연히 쿠폰을 기부하는 고객도 거의 없다.

상월곡역 부근에 위치한 B 카페는 좀 다른 풍경을 보여 준다. 카페 입구에 들어서면 제법 큰 보드에 사람들이 기부한 음료 쿠폰들이 꽂혀 있다. 고객 중에 누군가가 음료를 정하여 그 값을 미리 지불하고 그 내역을 간단한 메시지와 함께 보드에 붙여 놓으면, 그 메시지에 해당하거나 음료를 마시고 싶은 사람이 그 메모를 떼어 직원에게 건네주고 무료 음료를 마실 수 있게 함으로써 나눔을 실천한다.

보드에는 몇 장의 메모가 항상 붙어 있고, 매장 고객은 호기심 어린 눈으로 보드를 살펴보거나 직원에게 이것이 무엇인지 묻기도 한다. 몇몇 고객이 재미와 호기심으로, 혹은 지인에게 선물하려고 이 보드를 이용한다. 하지만 이로 인해 매장의 매출이 크게 늘어난 것도 아니고, 먼 데서 일부러 B 카페를 찾아오는 경우도 드물다.

이 두 카페가 카페로서 문제가 있는 것은 아니라는 점을 우선 밝히겠다. 커피도 훌륭하고, 직원도 친절하며, 분위기도 밝고 테이블 간격도 여유가 있어 아주 쾌적하다. 그래서 단골도 꽤 있다. 무엇보다 이들의 자선 노력은 충분히 칭찬받을 만하다. 이들이 매출이나 손님을 늘려 보려는 의도로 이런 일을 시작한 것도 아니고 그저 카페 운영에 나눔의 요소를 가미한 것이니 의미는 충분하다고 하겠다.

특히 다음과 같은 점에서 왕 씨네 분식집과 유사한 나눔 차원의 가치가 있다. 왕 씨네 분식집이나 두 카페 모두 매장의 주된 사업 아이템인 음식이나 음료를 통해 나눔을 실현하고자 한다. 사업과 자선을 연계한 것은 훌륭한 마인드이고, 이를 구체화한 쿠폰과 보드는 멋진 아이디어이다. 영리를 추구하는 기업이 사회공헌 활동을 할 때 그것이 본업과 연계성이 높을 때 가치와 영향력을 더욱 발휘한다. 물론 본업과 연계할 때 조직 구성원도 더 관심을 가지고 열심히 참여한다.

다음으로, 손님들이 자신의 선한 의지를 공개적으로 드러낼 수 있는 기회를 제공한다. 왕 씨네 분식집의 메모판과 B 카페의 보드판은 아주 흡사하며, A 카페의 소셜나눔쿠폰도 비슷한 역할을 한다. 다만 시민들에게 기부하지 않는 이유 혹은 기부하지 못하는 이유를 물었을 때 어디에 어떻게 기부할지 모르기 때문이라는 답변이 있는 것을 고려해 보면, 쉽게 접근할 수 있는 기부 채널을 열어 주고 알리는 방식을 접목할 수 있을 것이다.

한편, 기부금액도 부담이 없다. 왕 씨네 분식집 손님의 말대로 식사 한 끼 값이 부담스러운 것은 아니다. 그리고 커피 한 잔 값이나 도장 10개가 찍힌 쿠폰 혹은 음료 한 잔도 큰 부담은 없다. 누구나 마음만 먹으면 쉽게 동참하여 다른 사람에게 도움과 기쁨을 줄 수 있다. 사람들에게 기부 의도를 물었을 때 소액이면 참여가 더 쉬울 것이라는 의견을 피력한 것을 보면, 소액으로 자선을 베풀 수 있는 기회를 만든 점은 시민들의 자선 행동 패턴을 잘 이해한 것이라 하겠다.

사장들의 이타적 마인드도 비슷하다. 왕 사장은 스스로 무료 급식을 실천했고, A 카페는 공정무역을 기반으로 하는 사회적기업이 운영한다. B 카페의 사장 식구들은 많은 이에게 음료 대접을 망설이지 않는다. 모두가 선한 의도를 가지고 있으며, 이를 손님들과 나누려는 마음으로 참여 가능한 채널을 만들어 놓았다. 앞서 말한 대로 이들은 모두 사업 대박을 노리려는 의도에서 사업 아이템을 활용하는 것이 아니다.

손님들도 관심을 보인다. 왕 씨네 분식집은 물론 A 카페나 B 카페 손님들은 쿠폰에 쓰인 안내문을 읽기도 하고 물어보기도 한다. B 카페의 손님들은 출입문 바로 옆에 있는 큰 보드에 눈길을 준다. 여러 기제를 통해 선한 일을 할 수 있는 기회를 알리고 다른 이의 선한 행동을 확인할 수도 있다. 봉사와 기부는 다른 사람의 실천을 볼 때 더 고양되고 더 편한 마음으로 참여할 수 있다고 하니 여러 수단을 통해 기회를 제공한 점은 아주 훌륭하다고 할 수 있다.

중국 왕 씨와 우리 왕 씨는 무엇이 다를까?

이렇게 업을 통해 나눔을 시작한 의도나 드러나는 형태는 별 차이가 없어 보인다. 그런데 왜 왕 씨네 분식집과 달리 두 카페의 후원이나 기부 활동은 동참하는 사람이 적고, 카페의 활성화에도 큰 도움이 되지 않을까? 왜 두 카페에는 먼 거리에서 찾아와 커피를 마시고 음료 쿠폰을 기부하는 사람들이 많지 않을까?

쉽게 떠오르는 답은 두 가지다. 먼저 매스컴을 타지 않았기 때문이다. 그러나 이것은 정확한 답이 아니다. 왕 씨네 분식집은 뉴스에 노출되기 전에도 기부자들로 문전성시를 이루었다. 인지도가 높고 유명하면 물론 모금이 잘될 것이다. 하지만 시작부터 인지도가 높긴 어려우며, 모금으로 유명해지기까지는 정말 많은 노력과 투자, 헌신이 필요하다.

다음은 우리나라 사람들의 기부문화가 성숙하지 않기 때문이다. 하지만 이것 또한 정확한 답이 아니다. 설령 우리 시대에 기부하는 사람이 적다거나 기부금이 적다고는 할 수 있지만, 이를 두고 기부문화가 성숙하지 않았다고 말하기 어렵다. 저녁 밥상에 이웃집 아이들을 위해 숟가락 몇 개를 더 올려놓는 미덕을 지닌 우리 민족이다. 중국인이 우리보다 더 자선적이고 더 훌륭한 기부문화를 가졌다고 할 근거는 없다.

이제 두 카페와 다른 왕 씨네 분식집의 특징을 살펴보자. 우선 자선 목적에 대한 인식과 동기가 뚜렷하다. 세 가게 모두 누군가에게 도움을 주겠다는 자선 목적으로 모금활동을 하지만 왕 씨네 분식집에 비해 두 카페는 자선의 목적을 드러내어 공유하려는 의지가 약하다. 이 차이는 분식집이나 카페의 사장이 자선 의도로 모금활동을 시작했는지 여부보다 고객이나 주변 사람들이 그들의 자선 의도를 확실히 인지하는지 여부로부터 생겨난다. 왕 씨네 분식집의 손님과 주변 사람들은 음식 값을 미리 가게에 지불해 놓으면 이것이 도움이 필요한 환자 가족에게 돌아간다는 사실을 뚜렷하게 인식하고 있다. 아마 그 일을 위해 분식집을 운영하고 있다고 인식할 수도 있다. 하지만 두 카페 손님들은 이런 뚜렷한 인식이 형성되어 있지 않다. A 카페에 오는 손님들 중에 음료 쿠폰을 통해 누군가를 돕는 것을 카페의 주된 역할로 인식하는 사람은 별로 없다. 손님들이 보기에 이 카페에는 어느 카페에나 있는 커피와 쿠폰이 있을 뿐이다. B 카페에 오는 손님 역시 음료 쿠폰 기부를 관심을 끄는 재미있는 이벤트 정도로 여긴다. 그러므로 모금은 단체 안의 강렬한 자선 동기가 외부로 확장하고 있어서 그 동기에 참여하고 싶은 기부자의 기대가 충족될 때 활성화된다고 할 수 있다.

둘째, 운영 주체들의 솔선수범과 헌신이 있다. 물론 서울에 있는 두 카페의 사장들도 선한 의지가 있는 것이 분명하다. 하지만 이들의 모습이 잠재기부자에게 롤 모델로서 작용하지는 않는 것 같다. 왕 씨는 스스로 무료 급식을 제공해왔고, 그것이 자신에게 경제적 위험을 초래할 정도였다. 이런 선도적 롤 모델인 왕 씨를 보면서 다른 이들도 동참하겠다고 마음을 움직였다. 결국 운영 주체가 자선 목적을 헌신적으로

표 1-2 왕 씨네 분식집 모금의 특징

- 자선 목적이 잘 드러난다.
- 모금가의 헌신이 잘 드러난다.
- 수혜자의 유익이 잘 드러난다.
- 기부권장을 적극적으로 한다.

실천하는 구체적 롤 모델이 되는 데 성공함으로써 차이를 만들어낸 것이다. 잠재기부자는 단체의 다른 기부자나 활동가를 살펴보고 그 정보를 기초로 기부 여부를 판단하여 행동에 옮긴다. 헌신적 기부자가 많은 곳에 동승하고 싶은 마음이 생기는 것은 인지상정이다. 그런 곳이라면 사업도 잘하고, 단체도 오래갈 것이며, 자신의 기부금이 쓰일 때도 빛날 것이라고 기대한다. 그러나 두 카페의 사장들은 아직 다른 사람들에게 이런 판단과 행동을 일으킬 수 있는 헌신적 실천 모델에 미치지 못했다.

셋째, 수혜자의 구체적 유익을 실제로 확인할 수 있다. 아마 왕 씨네 분식집에서는 다른 사람이 지급한 식대로 식사하는 환자 가족이 종종 보일 것이다. 식사 전에 감사하다고 하고, 식후에 계산하지 않고 감사를 전해 달라고 하거나 벽면에 감사의 글을 적어 놓고 나가는 모습이 눈에 띨 것이다. 아마 B 카페와 그 보드에서도 비슷한 장면을 목격할 수 있을 것이다. 하지만 아직 그 빈도가 높지 않으며, 그 수혜자가 뭔가 필요한 제 3자이기보다 평소에 알고 지내던 지인인 경우가 더 많다. A 카페는 쿠폰을 보관해 주는 서비스를 제공하지만, 이 쿠폰을 기부하여 누가 언제 어떻게 도움을 받았다거나, 앞으로 누구에게 도움을 주겠다는 정보를 찾아보기 어렵다. 기부를 통한 실제 유익을 확인하는 것은 기부 동기를 유발하고 유지하는 데 큰 역할을 한다. 수혜자의 삶의 변화, 기부자에 대한 감사 표현이 여기저기서 보인다면 사람들의 마음을 움직일 수 있다.

마지막으로, 기부권장을 적극적으로 한다. 왕 씨가 손님들에게 음식 기부요청을 얼마나 적극적으로 하는지는 알 수 없다. 지금은 말하지 않아도 손님들이 알아서 음식 기부를 하는 수준이 되었기 때문이다. 하지만 처음에는 손님들이 벽면에 메모지를 붙여 주길 바라며, 그것이 어려운 환자 가족을 위해 한 끼 식사를 제공한다고 알려 주고, 왕 씨 자신도 몇 그릇을 기부하는 메모지를 붙여 놓았을 것이다. 이에 비해 두 카페에서는 적극적으로 기부를 권장하는 모습을 찾아볼 수 없다. 메모보드를 설치하여 간단한 안내문을 붙이고, 쿠폰에 아주 작은 글씨로 쿠폰을 기부할 수 있다고 적어 놓은 것이 전부다. 쿠폰으로 음료 한 잔을 더 마시기보다 기부하라고 권하거나 쿠폰 발행 시 안내하는 일도 드물다. 모금은 결국 요청해야 한다. 대충 주위를 맴돌며 '이 정도면 내 의도를 알아듣고 기부하겠지'라고 기대해서는 기부를 이끌어 내지 못한다.

차이점은 아마 찾아보면 더 있을 것이다. 모금하는 사람들이 그 차이를 더 많이, 분명히 인지하고 실천에 옮긴다면 자선과 기부를 넘어 모금을 통해 멋진 세상으로의 변화를 기대할 수 있게 될 것이다. 그리고 다시 말하지만 서울의 두 카페는 좋은 카페이다.

모금은 사회적 가치를 드러낸다

다음의 이야기는 우리로 하여금 모금과 기부금의 다른 측면을 바라보게 한다. 즉, 모금가가 어떤 입장에서 기부금의 규모와 가치를 생각하는지 그 차이를 살펴볼 수 있다.

이야기 103 2천 달러와 30만 달러 *

(정신질환 치료모델) 시범사업을 실시할 수 있게 되자 우리 모두는 뛸 듯이 기뻤다. 그러나 막상 이러한 프로그램을 운영하려니 비용이 만만치 않았다. 당장 30~40명 환자들의 교통비, 점심식사비, 활동비 등으로 월 150여만 원이 필요했다. 우리 자원봉사 간호사들 20명은 고민 끝에 한 사람당 월 3만 원을 보낼 후원자를 세 사람씩 모으기로 결정했다. 이들 60명으로부터 받은 후원금 180만 원으로 최소한의 경비를 충당할 수 있었다.

그러던 어느 날, 나는 이태원에 있는 유엔개발계획UNDP 사무소로 가서 대표를 만나 도움을 요청했다.

"얼마를 도와주길 원하십니까?"

나의 사업계획 설명을 들은 대표가 관심을 표하며 물었다.

"1년에 1천 달러씩 2년만 도와주십시오."

나의 대답에 대표는 고개를 갸웃거렸다.

"학장님이 말씀하신 대로 사업을 하려면 이 액수보다 훨씬 더 많은 돈이 필요할 것 같은데요?"

그는 정식으로 제안서를 작성해 제출하라고 했다. 나는 난감했다.

"저는 학교 일과 연구에 너무 바빠 그것을 쓸 시간조차 없습니다."

"걱정 마십시오. 우리에게 그런 일을 전문적으로 해주는 사람이 있습니다."

---

* 《사랑의 돌봄은 기적을 만든다》(김수지, 2010, 비전과 리더십)에서 발췌, 정리했다.

드디어 전문 모금작가professional grant writer ○○○ 박사를 만났다. 며칠 후 그는 30만 달러짜리 사업계획서를 보여 주었다. 나는 깜짝 놀라 그에게 말했다.

"너무 많이 요구하면 안 줄 텐데요."

"이것은 사회적으로 방치되어 있는 정신질환자들을 재활시키는 굉장히 뜻 깊은 사업이므로 잘하면 받을 수 있을 겁니다."

석 달 후 지원이 결정되었다는 연락이 왔다. 당시 환율이 달러당 800원대 였다. 30만 달러를 원화로 환산하면 약 2억 4천만 원 정도가 되었다.

그런데 얼마 후 UNDP 대표가 나를 불렀다.

"이 프로젝트는 공동출자 형식의 지원matching grant이므로 UNDP에서는 15만 달러만 지원하고 나머지는 한국에서 구해야 합니다."

예상치 못한 조건에 내가 암담해하자 대표가 제안했다.

"아는 기업가가 있으면 찾아가서 도와달라고 부탁해 보십시오."

그는 내게 A4 용지 한 장을 내밀며 아는 기업 대표의 명단을 적어 보라고 했다.

"저는 아는 기업가가 없습니다."

"나는 한국에 온 지 2년밖에 안 되었지만 50명이나 알고 있는데, 당신은 한국 사람인 데다가 대학 학장이면서 그렇게 아는 사람이 없다는 말입니까?"

그는 이 말을 던지고는 나가 버렸다. ○○○를 비롯해 겨우 세 사람의 이름은 간신히 썼다.

그중 한 분을 만나 준비해간 파워포인트 프레젠테이션을 하려고 하자 회장님은 손을 내저으며 말했다.

"그냥 간단하게 말로 설명해 주셔도 됩니다. 얼마를 도와드릴까요?"

순간 나는 얼마라고 말할까 고민했다. 그러다가 세 사람이니까 한 사람당 5만 달러씩만 지원받으면 될 것 같았다.

"5만 달러만 도와주시면 감사하겠습니다."

당시 원화로 계산하면 약 4천만 원이었다.

"그러죠."

회장님은 단숨에 승낙하시면서 비서에게 온라인 계좌를 알려 주고 가라고 했다. 사무실 계단을 내려오는 동안 나는 얼마나 후회했는지 모른다.

'그냥 15만 달러를 다 달라고 할 걸.'

이 이야기는 모금을 잘했다, 못했다를 가리려고 꺼낸 것이 아니다. 정신질환 치료모델 시범사업의 사회적 가치에 관해 말하려는 것이다.

이 이야기의 주인공이자 프로젝트 챔피언이고 모금을 담당한 고故 김수지 이화여대 학장님은 아주 정직한 분이었다. 시범사업에 소요되는 최소 운영비를 감안하여 사업 관계자들의 기부를 우선 확보하고 나서도 부족한 비용을 2년간 2천 달러로 보았다. 프로젝트 운영자의 입장에서 기부금과 모금을 해석한 것이다. 반면, UNDP의 한국 대표나 전문 모금작가는 조현병 환자의 병원 외 돌봄치료 프로그램을 추진하는 새로운 정신질환 치료모델 시범사업 운영비가 아니라 그 사회적 가치 내지 확장성을 염두에 두었다. 이 모델을 어떻게 진행하면 사회적으로 자리 잡고 확장할 수 있을지에 더 관심을 둔 것이다. 다시 말해, 사업 운영자의 입장이 아니라 사회의 입장에서 사업 가치를 판단하고 이를 모금에 반영한 것이다.

2천 달러와 30만 달러는 차이가 너무 크다. 비록 매칭그랜트라고는 하나 UNDP가 30만 달러나 승인한 구체적 이유는 알 수 없다. 확실한 것은 같은 사업도 보는 관점에 따라 다른 가치를 부여할 수 있다는 점이다. 그러므로 비영리단체에서 일하는 사람들은 스스로든 외부의 힘을 빌려서든 자신과 자신의 조직이 하는 일을 여러 관점에서, 특히 사회적 영향력과 가치의 관점에서 살펴보아야 한다. 이것은 결코 우리가 하는 일을 부풀리거나 일단 큰 금액을 불러 돈을 받아내자는 것이 아니다.

2년에 2천 달러면 만족했을 사업이 30만 달러짜리 사업이 되고 우리나라의 한 기부자도 2천만 원의 두 배인 4천만 원을 흔쾌히 기부한 것을 보면, 사람들이 공감하는 이 일의 사회적 가치는 사업 운영자의 생각보다 훨씬 더 큰 것이 아닐까? 어쩌면 지금 우리는 3억 원의 사회적 가치가 있는 일을 2천 만 원을 가지고 허덕이며 하고 있는지도 모른다. 더 중요한 것은 그 일이 3억 원의 가치가 있다고 이야기하지 않으면 다른 사람들은 그 가치를 모를 수 있고, 사회와 기부자의 관심도 이끌어내지 못할 수 있다는 점이다.

비영리단체와 모금 현장에서 아름다운 모금을 성공적으로 행하지 못하는 현실이 아쉽다. 돈이 부족해서, 다른 단체들이 하니까 시도하지도 않고 모금을 포기하는 사례를 쉽게 찾아볼 수 있다. 혹은 남들이 하는 것을 흉내 내거나 기술적으로만 어떻게 해보려는 접근해서 모금의 가치를 살리지 못하고 기부를 고민스러운 일로 만들어버리는 사례도 많다.

모금은 수혜자나 단체, 지역사회는 물론 기부자와 함께 나눔을 나누는, 더 큰 나눔이라는 것을 잊지 말아야 할 것이다. 단순히 모금가의 입장에서만 보지 않고 수혜자나 기부자의 관점에서 보면 같은 사업에도 다른 가치를 부여할 수 있고, 더 큰 나눔을 만들어 낼 수 있다.

더 깊은 생각을 위해 01

모금, 비영리단체라면 꼭 해야 하나?

비영리단체라면 모두 다 모금을 해야 하는 것일까? 재원 창출 측면에서만 본다면 굳이 그럴 필요는 없다. 비영리단체가 활용할 수 있는 재원은 모금만 있는 것이 아니다. 정부지원금이나 사업수익, 회비만으로도 충분히 재정을 감당할 수 있다면 모금을 하지 않아도 된다.

> **이야기 104** **재원 창출 전략이 다른 환경단체들**

세계적 환경단체인 G의 수입은 대부분 개인 후원과 기금 수익으로 구성된다. 전체 수입에서 이들이 차지하는 비중은 97%가 넘는다. 물품 판매 등을 통해 창출하는 수입은 1%에도 못 미친다. 이와 유사하게 글로벌 네트워크로 일하는 환경단체 F도 전체 수입의 80%가 개인 기부금이며, 회원 회비를 합하면 거의 97%에 이른다. 이 두 단체는 적극적 모금을 통해 단체의 사업과 운영을 위한 재원을 대부분 충당한다.

반면, 미국 내 다른 환경단체인 N은 모금의 비중이 상대적으로 낮다. 개인 후원의 비중은 미약하여 30% 내외를 차지할 뿐이고 전체 수입의 약 60% 정도는 환경 교육자료의 판매로 얻은 수입이다. 개인 후원보다는 전략적으로 판매 사업에 집중하는 것이다. 이처럼 같은 부문에서 활동하는 단체라고 해도 전략적으로 중점을 두는 재정 원천이 다를 수 있다. 이런 전략적 차이를 어느 것이 낫다고 말하기는 어렵다.

미국 100대 비영리단체NPO: Nonprofit Organization의 실제 수입구조를 살펴보더라도 모든 단체가 모금에만 의존하는 것은 아니다. *The NonProfit Times*에서 발행하는 *Special Report*에 따르면 미국 100대 비영리단체의 재정 원천은 기부금,

그림 1-1 미국 100대 NPO의 재정수입 구조

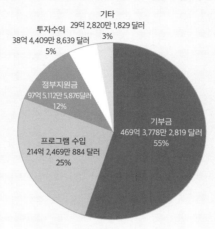

기타
29억 2,820만 1,829 달러
3%

투자수익
38억 4,409만 8,639 달러
5%

정부지원금
97억 5,112만 5,876달러
12%

프로그램 수입
214억 2,469만 884 달러
25%

기부금
469억 3,778만 2,819 달러
55%

자료: The NonProfit Times (2019).

정부지원금, 프로그램 수입, 회비, 투자수익, 기타 수입 등 여섯 가지로 구분된다. 이 중 대중으로부터의 기부금이 전체 수입의 약 55%로 가장 큰 비중을 차지하고, 프로그램 수입이 약 25%, 각종 정부지원금도 약 12%를 차지한다. *

100개 단체에서 전체 수입 중 기부금이 차지하는 비중이 90%가 넘는 곳은 4곳 중 1곳이다. 반대로 기부금의 비중이 30%에 못 미치는 곳도 5곳 중 1곳이다. 기부금의 비중이 낮은 비영리단체 중에는 정부지원금 비중이 75%가 넘는 곳도 있고, 서비스 이용요금 비중이 80%가 넘는 곳도 있다.

이렇게 실제 사례들을 보더라도 비영리단체가 재정을 충당하는 방법은 모금 외에도 다양하다. 중요한 것은 자기 단체에 제일 적합하다고 판단하는 재정 전략을 선택하여 추진하며, 그 재정 전략 안에서 모금의 위상과 방향, 방법, 규모 등을 정하여 실행하는 것이다.

• "NPT top 100 (2019): An in-depth study of America's largest nonprofits" (*The Non Profit Times*, 2019, *Special Reports*) 에서 미국 100대 비영리단체의 수입구조를 살펴볼 수 있다 (https://www.thenonprofittimes.com).

제 2 장

기부자 중심 모금

이야기 201 **대기업 부회장에게 배달된 폐벽돌 한 장**

소포 하나를 비서가 들고 들어왔다. 오래전 1년 과정 연수를 다녀온 미국 대학의 총장이 독일에서 보낸 것이었다. 소포를 들고 있는 비서는 다소 난감한 표정을 지으며 말을 꺼내지 못했다. 소포 안에는 투명 비닐에 싸인, 건물 잔해처럼 보이는 벽돌 한 장과 하얀 봉투 하나가 들어 있었다.

벽돌을 한 번 들어 보고 봉투를 개봉했다. 총장의 편지였다. 독일에 출장을 갔다가 분단국가인 한국에 살고 있는 기부자인 성 부회장이 생각나서 하나 구입해 보낸다면서, 한반도의 분단이 해소되고 평화가 찾아와 사업에도 보탬이 되길 바란다는 내용이었다. 그 벽돌은 허물어진 베를린 장벽에서 떼어낸 것으로, 이제 지구상에 유일하게 분단국가로 남아 있는 한국의 기부자 성 부회장을 기억하며 보낸 선물이었다.

사실 연수 당시 사업의 압박에서 벗어나 편안히 지낼 기회를 제공한 대학에 뭐라도 기여하고 싶어 학과 행정실에 문의했고, 기부하라는 권유를 받았다. 그래서 편안한 마음으로 예의상 5천 달러를 기부하고 인적 사항 몇 가지를 적어 놓고 귀국했다. 물론 얼마 지나지 않아 한국의 집으로 기부금 영수증이 날

아오고 정기적으로 학교 소식지가 들어왔지만 선물은 이번이 처음이었다.

사실 명문으로 알려진 국내 모교에 회사 이름으로 또는 개인 명의로 상당한 액수를 기부했지만 감사패나 학교 기념품만 받아 봤지 이처럼 대담한 선물은 받은 적이 없었다. 이곳저곳에서 받은 상패나 감사장들보다 이 폐벽돌이 마음에 들었다. 총장이 직접 생각하고 골랐든 직원이 아이디어를 주었든 통일의 상징인 베를린 장벽의 벽돌을 지구촌 유일의 분단국가에 살고 있는 '나를 생각하고' 준비하여 보냈다는 사실에 마냥 기분이 좋았다.

우리나라를 대표하는 대기업의 부회장에게 전달된 폐벽돌 한 장. 다른 설명 없이 벽돌을 집어 든 성 부회장의 모습을 본다면 너무 이상할 것이다. 기부자로서 그의 손에는 멋진 감사패나 트로피가 들려 있어야 어울릴 텐데 말이다.

설령 기부자의 상황을 알았다 하더라도 어떤 배짱 좋은 모금담당 직원이 폐벽돌 한 장을 거액기부자의 선물로 보낼 수 있겠는가. 성 부회장도 처음에 이 폐벽돌을 보고 당황했을지도 모른다. 세계적인 유수 대학의 총장이 대기업 부회장에게 쓸모도 볼품도 없는 물품을 보냈다가 얼핏 놀리는 것으로 오해를 살 수도 있는 일이다.

하지만 이것은 진심을 어떻게 전달하느냐의 문제다. 그리고 원칙과 문화, 관행의 문제다. 이 폐벽돌이 성 부회장의 마음을 사로잡은 이유는 그것이 성 부회장을 각별하게 여기는 학교와 총장의 마음을 전했기 때문이다. 대학의 입장에서 보면 성 부회장은 적은 액수의 기부자이지만 기억할 만한 특별한 입장이나 필요에 관심을 가지고 이와 관련된 물품을 전달했다. 핵심은 부회장이 폐벽돌을 쓸모가 있어 마음에 두는 것은 아니라는 점이다. 정확히는 모르지만 가격이 비싸서도, 분단국이던 독일의 통일을 상징하는 물건이라서 마음에 두는 것도 아니다.

물론 총장이나 모금담당 직원은 성 부회장으로부터 앞으로 더 많은 기부금을 받기 위해 마음속으로 정교하게 기획한 것일 수도 있다. 그러나 기부자로서 성 부회장은 생각하는 바가 다를 것이다.

중요한 것은 기부자에게 단체가 기부자를 존중하고 그의 입장을 고려하며 더 나아가 기부자의 부를 존중하면서 일한다는 느낌과 믿음을 주는 것이다. 어떤 면에서 기부자는 자신의 부와 재산이 잘 쓰이기를 바라면서 이 바람이 단체를 통해 실현되어 수혜자의 삶이 달라질 것이라는 기대에 행복해하며, 마음의 반은 속아 주고 있다고 볼 수 있다.

기부자 입장에서 바라보기

대부분의 비영리단체는 일상적으로 모금을 하거나 후원을 받고 있다. 열심히 모금을 해서 확보한 기부금으로 사업을 잘 수행하며, 기부자에게도 감사를 표하며 예우하고 있다. 그러나 다소 아쉬운 것은 모금을 궁극적으로 수혜자를 위한 것으로만 보는 것이다.

앞 장에서 살펴본 대로 모금은 일차적으로 수혜자를 위한 것이 맞지만, 그 유익은 모금가 및 그 단체는 물론 기부자, 나아가 사회에까지 확대된다. 그렇다면 모금가나 비영리단체는 기부자의 유익을 얼마나 배려하고 있을까? 안타깝게도 비영리단체에서는 기부자의 입장에서 일하는 사람이 그리 많지 않은 것 같다.

이런 현상은 아마 우리나라의 비영리단체에만 해당되는 것은 아닌 듯하다. 영국의 비영리 학자인 이안 브루스Ian Bruce는 비영리단체가 재원을 제공하는 후원자들을 중요하게 여길 것 같지만 실제로는 그렇지 않은 경향이 있다고 주장했다. ＊ 심지어 모금이나 기부자를 '필요악'으로 치부하거나, 사업수행에 어쩔 수 없이 돈이 필요해 기부자를 접촉하는 것일 수도 있다는 것이다.

비영리단체는 여러 이해관계자가 있다. 모금활동은 이들 모두에게 단체가 미칠 수 있는 영향력과 가치, 변화, 유익 등을 감안하여 이루어져야 한다. 어떤 것에 주안점을 두고 모금을 진행하느냐에 따라 모금의 규모나 요청하는 금액은 물론이고, 각 이해관계자의 반응이나 그들에게 주는 메시지와 감동도 달라진다.

결국 모금은 비영리단체와 그들이 하는 일의 가치를 어떻게 평가하는지에 달려 있다. 또 그 가치를 평가하는 입장이 누구냐에 따라 많은 것이 달라진다. 과연 우리는 지금 누구의 어떤 가치에 주목하고, 그것이 사회적으로 얼마라고 하며, 그 가치가 실현될 때 사회는 어떤 유익을 얻을 것이라고 하는가? 그리고 그것이 당신의 가슴을 뛰게 하는가?

모금은 수혜자의 유익과, 이를 뒷받침하는 안정적 단체 운영 및 사업수행을 위해 진행되지만, 여기서 그쳐서는 안 된다. 모금은 그 이상으로 넘어서야 한다. 모금은 궁극적으로 그것을 통해 조달한 돈이 사용됨으로써 창출되는 사회적 영향력의 극대화에 관심을 두어야 하며, 이런 맥락에서 기부자를 포함한 모든 이해관계자의 입장을 통합해야 한다.

이처럼 사회적 영향력 극대화를 지향하는 가운데 종전의 수혜자 및 단체의 입장에 비해 상대적으로 덜 중시하였던 기부자 입장을 좀더 고려하는 방향으로 전개하는 모금활동을 기부자 중심 모금donor-centric

---

* Ian Bruce (1995), "Do not-for-profits value their customers and their needs?", *International Marketing Review*, 12(4), 77~84.

fundraising이라고 한다.

기부자 중심 모금은 기부자가 쉽게 접속할 수 있도록 다양한 온·오프라인 채널의 결합을 시도하며, 단체의 여러 프로그램을 기부자의 생애주기별 필요나 선호도, 가치관을 충족시키는 경험과 통합하는 데 초점을 둔다.* 여기서 관심을 끄는 것은 기부자의 생애주기life-cycle에 따라 개별적 경험을 사업이나 프로그램과 통합한다는 것이다. 기부자의 생애주기는 단체와 사업을 알게 되는 단계부터 시작하여 일생의 전적인 헌신자가 되는 단계까지 여러 단계로 나누어진다. 각 단계별로 기부자의 필요needs, 기부하는 이유case for support, 관심 있는 메시지나 내용이 다르므로, 그에 따라 기부의 규모나 방식을 차별화해야 한다.

따라서 단체는 기부자의 생애주기를 파악하고 그 단계에 따라 기부자를 대하고, 관계를 형성하며, 대하는 방식을 달리하는 것이 바람직하다. 이렇게 각기 차별화된 내용을 모금활동의 중심에 놓는 것을 기부자 중심 모금이라고 한다.

앞의 이야기는 비록 작은 폐벽돌 한 장과 관련된 예화이지만 기부자 중심 모금활동의 전형적인 모습을 보여 준다.

감사와 예우를 넘어서

기부자의 기부에 감사를 표하고 정중히 예우하는 것은 모금의 핵심 활동이다. 기부자 예우가 첫 기부를 마음먹게 하는 가장 중요한 요소는 아니지만, 기부를 중단하거나 더 많은 기부를 하게 하는 주요 요인임

---

* Jeff Patrick (2016), "Donor-centric fundraising", *Philanthropy Journal News*, May 9.

은 분명하다.

기부금 영수증 발급, 기부에 대한 감사 인사나 선물, 단체와 사업 및 기부금 사용에 대한 정보 제공, 생일 축하나 연말 인사 등은 감사와 예우의 최소한의 기초이다. 여기에 단체나 사업 현장 방문 및 초대, 단체 장과의 식사나 미팅, 초청 강연 등을 더할 수 있다. 소식지나 연례 보고서, 건물이나 프로그램에 기부자 이름을 명시하거나, 기부자 벽Donors Wall 혹은 명예의 전당Honors Hall을 건립하기도 한다. 특히 각종 언론에 기부자의 선행을 노출함으로써 그의 아름답고 성공적인 삶이 사회적으로 인정받을 수 있는 기회를 만들기도 한다. 이 모든 활동이 기부자를 존중하는 마음을 전달하는 기제이다. 최근 이런 활동이 널리 확산하고 있는 현상은 모금이 기부자 중심으로 변화하는 경향을 반영한 것이다.

그렇지만, 기부금을 받은 후에 감사와 예우를 하는 것만으로는 진정한 기부자 중심 모금이 되지 않는다. 기부자의 정보를 수집하는 단계에서부터 우리 단체의 미션과 사업에 관심이 있는지, 기부를 통해 자기 삶의 가치를 더 높일 수 있는 사람인지 살펴야 한다. 그리고 그를 위해 단체가 할 수 있는 최선의 태도와 방법을 개발하여 진행하는 수준까지 모금활동이 진전되어야 한다. 그래서 '기부하니 삶이 진정으로 행복해졌다'는 고백이 기부자의 마음과 입에서 자연스럽게 흘러나오도록 하는 것, 이것이 진정한 기부자 중심 모금이다.

이야기 202 202 병원과 의사들

202 병원은 아주 오래전 관대한 기부자의 거액기부에 의해 세워졌다. 세월이 흘러 이 병원은 대학과 합병하여 대학병원이 되었고, 지역사회의 의료를 책임지는 핵심 종합병원으로 성장하였다.

병원은 설립 기부를 하신 고인을 기념하는 행사를 하고, 새 병원 건물 1층에 기념 공간도 마련했다. 병원장은 내·외부에서 연설할 때마다 설립자의 훌륭한 자선행동을 언급하고 칭찬하며, 그분의 생명 사랑과 자선 정신을 본받아야 함을 역설한다. 병원장은 바쁜 시간을 쪼개어 거액기부자를 만나고, 매년 기부자 감사의 밤 행사에 이분들을 초청하는 등 거액기부자 예우에 최선을 다한다.

모금담당 부서장은 의국 과장급 인사이며, 모금담당 부서장이 이보다 더 높은 자리로 승진한 적은 없다. 팀장과 모금담당자는 정직원이며, 다른 직원과 마찬가지로 2년에 한 번씩 이동한다. 출납과 행정을 담당하는 계약직만 장기간 근속하고 있다. 사무실은 구 본관 뒤편에 있는 오래된 별관에 위치하고 있어 처음 오는 사람은 찾기 어렵다.

몇 년 전 새 병원 건물을 건축하면서 모금 계획을 병원 리더십 회의에서 발표했을 때 잘되었으면 좋겠다는 의례적 멘트 외에 별 의견이 없었다. 그러나 내부 직원들에게 기부 부담을 주지 않길 바란다는 의견에는 모두 고개를 끄덕였다.

의사와 직원들 다수는 병원 건물 신축이나 불우 환자 돕기, 기념사업 등의 명목으로 월급에서 일부를 떼어 기부하지만 큰 의미를 두지 않고, 참여하지 않는 사람도 꽤 있다. 반면 예하 병원이나 의국에서 기부금이 필요할 때에는 본원 모금부서에 도움을 요청하거나 더 나아가 업무적으로 압박을 가하는 경우도 있다. 평소에는 유력한 잠재기부자를 추천하지도 않고 기부자 면담에도 소극적이며 기부금 집행 결과도 제때에 거의 제출하지 않는 등 기부자 개발[•]에는 소극적이지만, 필요한 기부금을 요청하거나 사용할 때는 열심히 한다.

건물 신축에 기부한 기부자를 착공식, 개관식 등에 초대하지만 그 후 별 관심을 두지 않고 오로지 모금부서의 업무로만 여긴다.

202 병원은 모금을 잘해서 건물도 짓고 환자를 위한 사회사업도 잘하는 편이지만, 구성원들이 모금활동이나 기부자를 대하는 태도가 다

• 기부자 개발(*donor development*)이란 잠재기부자를 추천하고 이들에게 단체나 사업에 관련된 정보를 제공하거나 기부의 필요성 등을 전달하는 활동을 의미한다.

소 야속하다. 그런데 이것이 많은 비영리단체의 모금가가 처한 현실이다. 단체의 구성원은 자기에게 주어진 업무수행에만 전념하고, 모금활동은 단체나 부서에서 업무상 필요할 때만 추진한다.

이는 모금에서 단체에 필요한 재원을 확보하는 기능적 역할만 중시하는 태도이다. 마치 병원에서 응급실을 두고, 영상촬영을 하며, 간호국을 운영하듯 모금부서를 운영한다. 이것이 잘못이라는 것은 절대 아니다. 말 그대로 아쉽다는 것이다. 그 이유는 이렇게 하면 모금이 다분히 단체의 입장만을 반영하는 것이 되기 때문이다.

202 병원은 자선기부에 의해 세워졌고, 합병된 학교와 병원의 전통에 따라 여전히 모금활동을 수행한다. 리더십 회의에서 모금이 주요 업무 사항으로 다루어지고, 병원장도 기부자와의 만남이나 행사 등에 시간과 노력을 투입하며, 위상이 높은 부서를 운영하고 적지 않은 직원도 배치하고 있다. 필요할 때 구성원들에게 요청하면 모금에 관심을 두고 일부의 업무 협조도 이루어진다. 그럼에도 불구하고 202 병원의 모금활동이 아쉬운 까닭은 무엇일까?

단체 중심 모금

비영리 현장에서는 202 병원과 같이 단체(또는 사업) 중심의 모금이 한 주류를 이룬다. 수혜자에 대한 배려는 있으나 기부자, 나아가 더 큰 사회적 가치와 영향력까지는 고려하지 않는다. 기부자에 대한 배려는 평소에는 기본적 수준에 그치지만 단체가 필요할 때는 좀더 열심히 노력하는, 아쉬운 모양새가 된다.

이런 식으로 모금을 하면 단체의 입장에서 모금의 '필요성'을 강조하게 된다. 이 입장은 수혜자 입장이나 기부자 입장과는 강조점이 다소 다르다. 단체가 기부자에게 기부와 후원을 요청하면서 다음과 같은 메시지를 전달하는 것이다. "우리가 이런저런 사업을 하니 거기에 돈이 필요합니다", "여러 사업을 수행하고 적절한 업무환경을 조성하기 위해 우리 소유의 건물이 필요합니다", "우리 단체가 지향하는 바를 세상에 알리기 위해 연구조사기금이 필요합니다", "우수한 학생을 모집하고 학교의 지속가능성을 강화하기 위해 장학금이 필요합니다"라는 식이다. 틀린 말은 아니다. 모두 일련의 사회적 영향력이나 수혜자를 위한 여러 사업을 기반으로 한다. 그러나 기부금을 단체의 입장에서만 바라보는 메시지를 잠재기부자에게 전달하는 한계가 있다.

한편, 기부금을 일종의 단체 재원의 포트폴리오portfolio로만 이해하는 경향도 있다. 물론 단체의 위험관리 차원에서 재정 포트폴리오를 구성하는 것이 타당하고 백번 그렇게 해야 한다. 하지만 유사한 활동을 하는 다른 단체가 모금을 하고 있으니 우리도 해야 한다거나, 단체의 여건과 전략 방향과 무관하게 얼마의 모금 목표를 달성해야 한다는 식으로 모금을 하는 것은 단체 입장에서의 모금 중에서도 수준 낮은 것이다. 무리하게 부채를 들여 건물을 짓거나, 사업을 벌여 놓고 상황이 어려워지면 기부자에게 손을 내미는 것도 마찬가지다.

아주 특별한 상황에서 이런 식의 모금이 필요한 경우도 있다. 하지만 평소에도 이런 모금 입장을 취한다면 결국 기부자에게 외면받게 될 것이다.

더 깊은 생각을 위해 02

기부자 중심 모금 vs. 수혜자 중심 모금

단체가 추진하는 여러 사업을 어느 한 측면에서만 해석하거나 진행하기는 어렵다. 이러한 맥락에서 쉽게 결론에 이르기 어려운 두 사람의 논쟁을 살펴보자.

이야기 203 **경 씨와 배 씨의 논쟁**

환경단체의 사무총장인 경 씨는 모금 컨설턴트 배 씨와 카페에 마주 앉아 두 시간이 넘도록 이야기를 나누었다. 몇 년 전 모금 세미나에서 처음 만난 두 사람은 비영리단체의 모금을 활성화하고 모금가의 전문성을 높이기 위해 다른 사람들과 힘을 합쳐 모금가들의 모임을 결성하기로 하고 의제를 정리하였다.

이런저런 준비 사항을 논의하다가 배 씨가 '모금가는 기부자를 위해 일하는 사람'이기도 하니 이를 위해 뭔가를 사업에 포함하고 비중을 크게 두어야 한다고 주장했다. 이에 사무총장 경 씨는 '모금가는 수혜자를 위해 모금하는 사람'이고 기부자에 우선순위를 둘 필요가 없으니, 그런 사업에 큰 노력을 들일 이유가 없고 수혜자를 위해 어떻게 하면 모금을 많이 잘할 수 있는지에 초점을 두어야 한다고 했다. 배 씨는 기부자가 만족하고 행복하지 않은 모금은 필요한 돈만 받아내는 것이라 가치가 떨어진다고 했고, 경 씨는 수혜자의 입장에 서지 않는 모금은 그저 영업일 뿐이라고 맞섰다.

그날 두 사람은 이 논쟁의 결론을 내지 못했다. 모금이 과연 누구를 위한 것이냐에 대해 한 시간쯤 더 서로의 논리를 펴며 치열하게 의견을 주고받았지만 결국 합의에는 이르지 못했다. 그 후 두 사람의 만남이 소원해지면서 두 사람이 핵심이던 모금가 모임 결성 준비는 흐지부지되었다. 여전히 경 씨는 모금 업무를 관장하며 현장에서 훌륭하게 운동에 참여하고, 배 씨도 여러 단체에 모금 컨설팅을 진행하지만, 각자의 생각이 바뀌었는지는 알 수 없다.

일반적으로 모금은 당연히 수혜자의 유익을 위해 단체가 추진하는 활동으로 여겨진다. 수혜자가 없다면 그 모금은 의미도 가치도 없기 때문이다. 그래서 아마 경 사무총장의 입장을 지지하는 사람이 더 많을 수 있다. 기부자의 기부금은 수혜자에게 어떠한 형태로든 전달되어야 하고 이를 위해 벌이는 것이 모금이기 때문이다. 많은 기부자들은 자신의 기부금이 수혜자에게 제대로 잘 전달되기를 원하는 것도 분명하다.

자선기부와 모금이 사회에 확산되고 기부문화가 자리 잡을수록 위 두 사람의 입장 차이는 더 커질 가능성이 크다. 수혜자 외에 기부자의 목소리도 점점 더 커지는 것이 현실이기 때문이다. 최근 몇 년간 모금이나 기부와 관련된 사회적 스캔들이 여러 건 발생했다. 이들 스캔들을 접한 기부자나 시민들은 "단체를 믿을 수 없으니 스스로 알아서 도움을 주겠다"고 반응하기도 했지만, "기부자의 선한 의도와 행동을 단체가 악용하거나 기부자에게 정직하지 않았다"고 비판하는 경우가 많았다. 기부자 입장에서 보기에는 기부자의 부와 기부자의 의도를 존중하지 않았다는 주장이다. 그러므로 미국 등 모금이 활발한 나라의 모금단체들이 함께 서명한 기부자 권리장전A Donor Bill of Right의 첫째 항목은 기부자의 기부 의도를 중시한다는 것이다.

경 사무총장의 입장과 배 컨설턴트의 입장을 염두에 두고, 이 장의 두 이야기를 다시 살펴보면서 과연 모금이 누구를 위한 것이어야 하는지 곰곰이 생각해 보고 입장을 정리해 볼 필요가 있다.

제 3 장

모금은 토털사커다

이야기 301   **모금이라는 종합예술**

캠퍼스 선교단체인 301은 설립 40주년을 맞이하여 새로운 변화와 성장을 도모하기로 결의했다. 설립 이후 처음으로 외부에 의뢰하여 중장기 발전 계획을 세우고 나날이 위축되어 가는 캠퍼스 선교에 대한 전략과 대응 방안을 마련하기도 했다. 하지만 이를 실행하기 위한 재원 조성에 관한 내용은 중장기 발전 계획 200여 쪽 중 겨우 3~4쪽 분량에 불과했고, "후원을 확대해야 한다"는 권고 수준에 그쳤다.

301 단체는 비영리단체에서 모금을 총괄했던 인사를 수소문하여 40주년 기념 모금 캠페인 계획을 세워 줄 것을 요청했다. 그는 모금명분과 목표, 유력 기부자와 그들에 대한 개발 전략, 추진 조직의 구성과 운영 방안, 추진 일정과 예산 등을 정리하여 301 단체에 넘겨주었다.

단체는 우선 모금 관련 조직을 정비했다. 대표 직속으로 대외협력부를 설치하고 전담부장과 전담간사를 배치했다. 이전에 없던 조직이었다. 그리고 모금 캠페인의 추진 계획을 이사회에 보고하여 승인받고, 모금위원회를 구성하였다. 이들 위원들은 본인들이 상당한 액수를 기부하고, 단체 리더들과 함께 협력해 다른 잠재기부자들에게 기부요청을 할 수 있는 이들로 선임했다.

그리고 단체의 미션과 사업 초점을 이제 대학이라는 캠퍼스를 넘어 졸업생과 그들 삶의 현장으로까지 확장하기로 하고 관련 부속기관을 설립하고 프로젝트를 준비하여 시행하였다. 새롭게 전문인력을 보강하는 것은 물론 기존의 캠퍼스 선교를 강화하고 심화하는 프로그램을 제시하였다.

뿐만 아니라 학창 시절 단체에서 훈련을 받았던 졸업생이나 유사한 신앙 스타일을 가진 사람 중 거액기부가 가능한 사람들의 명단을 우선 수집하여 정리하였다. 개발 순서는 기존에 큰 기부를 한 적이 있는 사람, 단체를 통해 의미 있는 일을 하고 싶다는 의중을 밝힌 적이 있는 사람, 기업을 경영하면서 단체의 이사 등으로 봉사한 적이 있는 사람, 훈련받은 졸업생으로 큰 교회를 목회하는 사람 등이 그 대상이었다.

거액모금 활동은 대표와 대외협력부장, 모금위원장과 위원 중심으로 이루어졌다. 개별적으로 사람들을 만나 기념사업과 모금 아이템을 설명하고 거액기부가 단체의 현재와 미래 사역에 큰 힘이 됨을 강조하였다.

단체가 거액모금만 진행한 것은 아니다. 단체에서 훈련받고 졸업한 사람들을 대상으로 일부 지역에서 전화모금 캠페인을 진행하였다. 외부에 위탁하여 실무를 진행한 이 전화모금 캠페인은 대학 재학 시절 간사를 후원하던 추억에 바탕을 두고, 모교 간사와 후배를 위해 (영역)지정기부로 월정액을 후원하도록 권하는 것이었다. 물론 30주년 관련 행사나 세미나, 기도회 등에서도 기부 요청은 빠지지 않았다.

3년간 진행된 모금 캠페인을 통해 301 단체는 처음 목표로 설정했던 금액의 두 배에 가까운 약정을 기록했으며, 중간에 상향 조정한 목표금액의 120% 정도를 달성했다. 소액 전화모금을 통해서도 어떤 지역에서는 설립 이후 처음으로 그 지역에서 활동하던 간사의 활동비를 100% 지급하는 놀라운 성과도 거뒀다.

나를 모금 컨설턴트라고 소개하면 많은 이들은 어떻게 하면 모금을 잘할 수 있느냐고 묻는다. 비영리단체의 단체장이나 실무자는 물론이고 비영리 업무와 관련 없는 사람들도 종종 묻곤 한다. 하지만 나는 이 질문에 간단하게 답하지 못한다. 이것은 단지 내 능력의 부족만은 아닌 듯하다. 모금을 잘하기 위해서는 여러 요소가 마치 종합예술처럼 어우러져 토털사커total soccer와 같이 진행되어야 하기 때문이다. 그래서 획기적이고 허를 찌르는 촌철살인의 한마디나 팁을 원했던 사람들은 다소 실망한 표정을 짓기도 한다.

이야기를 나누다 보면 모금을 잘하기 위해 누구는 리더들의 헌신이 필요하다고 하고, 누구는 실무 체계를 갖추어야 한다고 하며, 누구는 사업을 잘해야 한다고 하고, 누구는 홍보를 대대적으로 해야 한다고 한다. 더 나아가 우리 사회의 기부문화가 바뀌어야 하고, 기부와 관련된 법이나 제도가 변화해야 한다고 주장하기도 한다. 모두 다 옳은 의견이기는 하나 어떤 한두 요소만으로는 모금을 잘하기 어렵다.

모금명분에서 출발한다

301 단체의 이야기는 누군가가 찾아와 모금 캠페인을 성공한 사례를 알려 달라고 하면 가장 먼저 소개하고 싶은 이야기이다. 그 이유는 301 단체가 목표로 하던 금액 이상의 약정을 받았기 때문이라기보다는 모금에 성공하기 위해 필요한 일련의 요소들을 잘 갖추었기 때문이다.

첫째, 명확한 모금명분과 이에 상응하는 모금 아이템을 잘 갖추었다. 비영리마케팅 전문가 토마스 브로스Thomas Broce는 모금의 성공에

표 3-1 (토마스 브로스의) 모금 성공 요인

모금 성공 요인	기여 최대 점수
명확한 단체의 목적defined institutional goals	10
설득력 있는 모금명분서convincing case statement	5
확실한 모금 목표identified fund-raising objectives	10
헌신적인 상부 리더십committed governing-boarding leadership	20
유력한 잠재기부자good prospect potential	20
직원의 능력staff capacity	10
검증된 단체의 생산성demonstrated institutional productivity	10
활발한 접촉 과정active cultivation process	5
자원봉사자 조직화volunteer organization plan	5
실질적인 시간 계획realistic timetable	5
계	100

자료: Thomas E. Broce (1986).

영향을 미치는 요인 10가지를 제시하였다.* 그중 가장 먼저 내세운 것이 '명확한 단체의 목적'과 이를 반영한 '설득력 있는 모금명분서'이다. 모금명분서**는 단체가 대내외에 천명한 미션과 비전, 중장기와 단기 목표, 더 나아가 이것이 얼마나 차별적이며 사회적 변화나 영향력을

---

* Thomas E. Broce (1986), *Fund Raising: The Guide to Raising Money from Private Sources*, University of Oklahoma Press 참조. 이하에서 논의하는 브로스의 모금 성공 요인도 이 책에서 인용했다.

** 모금명분서case statement는 기부자가 해당 단체에 기부해야 하는 이유를 정리한 자료이다. 이는 단체가 주목하는 사회 이슈와 명분, 추진 사업 및 프로그램, 이를 달성하기 위한 전략, 목표모금액과 세부 사용처, 단체 소개 등으로 구성된다. 단체 소개가 포함되는 점은 단체 브로슈어나 현황표fact sheet와 같다. 그러나 모금명분서는 단체 소개가 1~2쪽에 불과하고, 내용이 더 철학적이고 포괄적이며, 모금 목표와 사용처를 담고 있다는 점이 다르다. 검색 사이트에서 'case statement'를 검색하면 다양한 모금명분서의 사례를 찾아볼 수 있다.

보장하는지에 관한 내용을 담는다. 브로스는 이 두 가지 요소가 전체 모금 성공의 15%를 좌우한다고 보았다.

설립 초기부터 오랫동안 대학 캠퍼스 선교에 초점을 두었던 301 단체는 조직의 미션을 대학과 학생이라는 전통적 영역에서 졸업생과 그들의 일상생활까지 확대하여 확실히 재정립하였다. 그리고 이에 상응하는 단체의 설치와 프로그램, 전문인력 확보까지 가시적이고 실현가능성이 높은 모금 아이템을 제시하였다. 이는 단순히 단체나 내부 구성원이 하고 싶었던 것이라기보다는 시대 변화에 따라 오랜 내·외부 논의를 거쳐 잠재기부자들의 의견을 반영하여 정한 모금명분과 아이템들이었다.

비영리단체들은 모두 자신만의 고유한 미션과 목적을 가지고 있다. 그러므로 모든 비영리단체는 조직의 미션이나 목적과 연관된 모금활동을 준비하여 추진할 수 있다. 하지만 중요한 것은 단순하게 미션과 비전, 목적이 있느냐의 여부보다는 이를 강력하게 모금과 연계하였느냐다. 모금을 '필요하거나 부족한 돈 메우기' 정도로 인식한다면 단체의 목적과 모금이 강하게 연계된 것이 아니다.

둘째, 확실한 모금 목표를 세웠다. 301 단체는 모금 목표를 세울 때 일반적으로 범하는 실수를 피했다. 대개 모금 목표를 필요한 금액이나 단순한 희망치, 막연한 기대치 등으로 정한다. 그러나 301 단체는 잠재기부자에 대해 일종의 시장조사인 타당성 분석을 실시하였다. 소액 모금에 대해서도 단순한 숫자 계산이 아니라 테스트를 거쳐 실질적 가능성과 기대치를 토대로 모금 목표를 설정하였다. 301 단체가 전문가의 도움을 받기 전에는 40주년 전후로 도대체 얼마를 모으는 것이 합리적이고 도전적인지 전혀 감을 잡지 못했다. 필요한 것을 정리해 보면 한없이 많았지만, 예전 기부액을 되돌아보면 아주 적은 액수만 기대할 수 있었다. 하지만 일련의 조사 과정과 분석을 거친 후 목표금액을 확정할 수 있었다. 모금 캠페인의 중간 시점에는 그동안 약정된 액수를 토대로 최종 목표금액을 조정할 수도 있었다. '작년보다 좀더 많이 하자'라든가, '많으면 많을수록 좋다'라는 식으로 설정한 모금 목표는 목표로서의 자격이 없다. 잠재기부자의 수와 여건, 단체의 모금 역량 등을 감안하여 도전적이면서도 달성 가능한 지점으로 모금 목표를 설정해야 한다. 목표모금액을 어떻게 설정하는 것이 좋은지는 5장에서 자세히 알아보겠다. 브로스는 모금 목표를 확실하게 잘 설정하는 것이 모금 성공에서 차지하는 비중은 약 10%라고 했다.

모금은 사람이 한다

셋째, 모금에 헌신적인 상부 리더십을 갖췄다. 상부 리더십이란 단체의 이사와 최고경영자를 지칭한다. 모금에서 이사는 기부를 하거나, 다른 사람으로 하여금 기부를 하도록 권유하는 역할을 한다. 그 외에 잠재기부자 발굴 및 평가, 모금행사의 일정한 역할 수행, 기부자에게 감사하기, 모금 관련 소위원회 참여 등이 모금과 연관된 이사의 역할이다. 이 중에서 제일 중요한 것은 이사회비를 내는 것을 넘어 '능력과 관심에 비례하여 기부하는 것'이다.

모금활동을 주도하는 역할은 보통 이사회가 수행한다. 만일 충분히 효과적인 역할을 수행하기 어렵다면 이사회는 이를 대신할 리더십 그룹을 결성하고 위임한 후 적극적으로 밀어주어야 한다. 301 단체에서는 이사회보다 모금위원회가 모금을 이끄는 중심 역할을 수행했다. 원래 이 단체는 기독교 선교단체로 학생들에게 재물을 경계해야 한다고 가르쳐왔다. 단체 간사들과 리더십 그룹도 재물에 초연한 사람들이 대부분이었고, 단체 분위기와 문화도 그랬다. 졸업생들도 그런 가르침을 충실히 따르는 사람이 많았다. 단체는 이전과 다른 규모의 모금 캠페인을 진행하기 위해 이런 분위기를 극복해야 했다. 여러 차례의 모임과 논의를 거쳐 재물은 하나님 나라의 확장을 위해 거룩하게 사용되는 것이 마땅하다고 합의했다. 그에 따라 모금위원회 위원들이 스스로 재물을 기부하고 기부를 권하는 자원봉사 리더십을 기꺼이 발휘했다.

최고경영자는 사실상 비영리단체 모금의 모든 것을 좌우한다고 할 수 있다. 모금에 대한 전략적 판단, 목표 설정, 모금 윤리와 정책 견지 등의 방향 설정은 물론이고, 거액기부 요청과 거액기부자 사후관리, 실무적 투자 등과 관련된 전부가 최고경영자에게 달려 있다. 301 단체의 실무책임자(대표)는 모금 계획을 세우는 시점부터 깊이 개입했다. 직접 문제를 제기하고, 전담부서 설치를 주도하여 부서장과 실무자를 직접 섭외해 배치했을 뿐만 아니라 모금위원회에서도 맡은 역할을 다하였다. 물론 잠재기부자를 소개하거나 평가하고 만나는 일에 우선 시간을 투입하였다.

브로스는 헌신적 상부 리더십이 모금 성공에서 20%의 비중을 점유한다고 말한다. 하지만 상부 리더십이 단체에서 차지하는 위상과 다른 모금 성공 요인에 미치는 영향력을 감안한다면 50% 이상, 100%라 말해도 무리가 없다. 리더십이 모금에서 차지하는 위상과 역할은 10장에서 자세히 살펴보겠다.

넷째, 준비가 잘된 유력한 잠재기부자를 가졌다. 301 단체는 학생

시절 단체에서 훈련받은 졸업생 수천 명을 보유했다. 졸업생 전체를 아우르는 것은 아니지만 일종의 동문회 같은 조직도 있었으며, 이들을 위한 전담조직과 몇몇 프로그램도 운영되고 있었다. 더 중요한 것은 단체가 이들을 다시 찾아 명단을 정리하고 대형 행사에 초대했으며, 거액기부가 가능한 일부 사람들은 별도의 관계 관리를 했다는 점이다. 물론 단체에서 훈련받지 않았어도 단체의 정신을 공유하고 지지하는 사람들은 유력한 잠재기부자로 포함시켰다.

흔히 잠재기부자는 그냥 단체 밖에 있는 사람이나 조직이라고 생각한다. 단체의 이사나 직원이 아닌 사람으로서 기부할 것으로 기대되는 존재라고 본다. 그러나 초점을 '잘 준비된'이라는 말에 두어야 한다. 그냥 있는 존재가 아니라 잘 준비된 잠재기부자는 기부능력이 있고, 단체와 관련 업무에 관심이 있으며, 단체와 실제적 관계가 형성된 사람이다. 이런 잠재기부자(기관 및 기업 포함)의 수가 얼마나 되는지, 실제 그 리스트를 단체나 모금담당자가 손에 쥐고 있는지가 모금의 성과에 영향을 미친다. 브로스는 잘 준비된 잠재기부자가 모금 성공에 20%를 기여한다고 했다.

앞 장에서 이야기한 '기부자 중심 모금'은 이 책 전체를 관통하는 핵심 주제 중 하나이다. 모금이 기부자 중심에서 벗어난다면 모금활동은 돈을 조달하는 기능이 되고 기부자는 돈을 내는 사람으로 규정되어 낮은 수준으로 전락한다. 잠재기부자의 준비는 6장과 7장에서 자세히 다루겠다.

다섯째, 전담직원을 배치하였다. 301 단체는 오래전부터 캠퍼스에서 활동하는 간사들의 활동비를 모아 전달하는 자원봉사자들이 있었으나, 중앙 본부 차원에서 모금 전담부서는 없었다. 그러다 본격적인 모금 캠페인에 앞서 신설하기로 했던 다른 부서 설치를 유보하고 대외협력부를 신설하여 인력을 배치하였다. 비록 풍부한 모금 경력이나 전문적 훈련 이력은 없었으나, 대표와의 역할 분담과 실무 총괄 조율을 할수 있는 역량과 가능성을 가졌다고 판단되는 인력을 배치하였다. 브로스는 이런 직원의 능력이 모금 성공에서 10%를 차지한다고 말한다.

100년이 넘는 현대 모금 역사에서 모금가에게 요구되는 자질이나 경력은 이미 표준화되었다. 거액모금 담당 또는 소액모금 담당에 따라요구되는 자질과 능력이 다르고, 조사요원profiler 혹은 데이터베이스관리요원에 따라서도 다르다. 그러므로 성공적 모금을 위해서는 각 업무에 적합한 인력을 제대로 갖추어야 한다. 대인관계 기술이나 의사소통 기술을 기반으로 긴 호흡으로 일하는 거액모금 담당자에게, 짧은호흡으로 숫자를 기반으로 일해야 하는 소액모금을 겸직하게 하는 것은 그리 좋은 선택이 아니다. 다른 행정직이나 사무직(특히 홍보)에서능력을 잘 발휘할 수 있는 직원을 모금담당자로 영입하는 것도 바람직하지 않다.

모금 요소의 균형과 통합

브로스는 모금 성공을 위해 위에서 언급한 요인 외에도 단체의 생산성, (잠재) 기부자와의 활발한 접촉 과정, 모금 자원봉사자의 조직화와 활용, 실질적 시간 계획이 필요하다고 역설한다. 이와 같은 모금 성공 요인은 분류하는 이에 따라 조금씩 차이가 있으나 크게 다르지는 않다.

301 단체는 모금 캠페인을 준비하거나 시작할 때 이러한 성공 요인

을 다 갖춘 것은 아니었다. 전문가의 도움을 받아 조사하고, 문건을 만들고, 다양한 내·외부 사람들과 협의하고 협력하면서 성공 요인을 점점 확보해갔다. 힘들지만 체계적인 과정을 충실히 밟아간 것도 301 단체의 모금이 성공적이었다는 또 다른 증거이다.

비영리단체의 실무자나 리더가 가장 흔하게 하는 질문 중 하나가 "어떻게 하면 모금에 성공할 수 있나요?"이다. 이 질문에는 물론 모금을 제대로 잘하고 싶은 마음이 들어 있겠지만, 일부 속내는 어떻게든 필요한 돈을 단기에 충당할 묘책을 알려 달라는 것일 수 있다. 마치 야구나 축구 경기에서 승리하고 싶으니 얼른 홈런 치는 법이나 골 넣는 묘책을 알려 달라는 것과 비슷하다.

피나는 타격 훈련이나 분석, 연습과 체력단련, 팀워크에는 별 관심이 없고 홈런과 골 넣기에만 골몰한다면 경기는 어쩌다 운으로 이길 수 있어도 진정한 승자의 위치에 서기 어렵다. 모금도 마찬가지이다. 어쩌다 한두 번 기부자가 나타나 필요한 돈을 채웠다고 해서 그것을 모금 성공이라고 부르기 어렵다. 좋은 명분과 아이템, 준비된 기부자, 헌신적 리더와 실무팀, 명확한 목표금액과 효과적 활동, 업무체계와 실무 지원 등의 요소를 두루 잘 갖추는 것이 모금 성공에 이르는 길이다.

301 단체 이야기는 그 답을 잘 알려 준다. 단체는 약정액 기준으로 당초의 목표치를 훨씬 상회하는 모금 성과를 이루었다. 모금을 위해 제시한 모금명분과 아이템이 호응을 얻었고, 유력한 잠재기부자를 찾기 위한 노력에 투자하였으며, 열정적 리더십 그룹과 모금위원회를 구성하여 운영하였음은 물론이고 과감하게 실무부서에도 투자했다. 기억해야 할 것은 전술한 대로 301 단체가 처음부터 이 모든 것을 다 갖춘 상태에서 모금을 시작했거나 모금을 위한 재원을 미리 충분히 준비해

놓은 것은 아니라는 점이다. 모금에 필요한 요소를 지혜롭게 파악하고, 전략적 선택에 따라 우선순위를 정하여 집중도를 높이며, 우호적 인사들을 모금에 참여하도록 설득함으로써 좋은 결과를 얻은 것이다.

이야기 302 아름다운 개교기념관

개교 50주년을 맞은 지방의 명문 사립 302 대학은 50주년 기념관을 건립하기로 하고 이에 소요되는 건축비 중 100억 원을 모으는 모금 캠페인을 시작했다. 지역 유지와 동문 등을 모시고 개교 50주년 기념식을 개최하고 총장을 비롯한 몇 사람이 기부금 약정도 하면서 야심차게 출발했다. 하지만 2년이 지나도록 모금액은 25억 원에 머물렀다.

그사이에 개교 50주년에 해당하는 해는 지났고, 기념관은 이제 완공을 앞두고 있었다. 이런 상황과 맞물려 모금 캠페인은 거의 멈췄고 거액 기부금이 더 들어올 것 같지도 않았다. 야심차다는 말이 무색할 정도로 기부자의 수는 300명도 안 됐고, 최고 기부금은 3억 원을 넘지 않았다. 기부금의 절반 이상은 학교 교직원이 냈고, 동문이 기부한 액수는 교직원이 낸 기부금의 절반에도 미치지 못했다. 그래도 놀라운 것은 25억 원의 기부금 구성을 살펴보니 상위 20%의 기부자가 전체 기부액의 70% 이상을 차지한다는 것이다.

학교가 50주년을 맞아 구성한 모금위원회의 위원장은 부총장이고 위원은 처장, 학장, 부장 등 거의 다 교직원이었다. 동문회 사무국장이 참여하였으나 이분도 학교 행정처의 직원이었다. 위원회에 외부 기부자나 유력인은 사실상 없었다.

거창하게 치렀던 50주년 기념식 이후 기부자를 위한 공식행사나 모임은 한 번도 거행되지 않았다. 학교 홈커밍 행사를 준비해 진행했지만 비교적 젊은 동문들의 학교 나들이 성격이 강해 기부요청이나 약정은 주목받지 못했다.

총장은 지역의 유력 기업인과 동문 중 몇 사람을 만났으나 명쾌한 기부요청은 하지 못했다. 그나마 50주년 기념식이 있던 해에 몇 건의 약정 이후 이듬해부터는 이들과 별다른 미팅도 하지 않았다. 애석하게도 모금의 총괄 책임자인 부총장은 이 대학 소재 지역 출신도 동문 출신도 아닌 서울의 명문대 출신이었으며, 모금 외에도 다른 학내 업무를 여전히 관장해야만 했다. 이를 보완하기 위해 부총장급 대외협력위원장을 선임하였는데, 이분은 이 지역 명문고 출신이기는 했으나 정년퇴직을 2년 남긴 원로교수로 전형적인 학자였다.

모금 실무에는 비교적 많은 인원이 배정되었다. 발전기금부를 설치하고 부장과 과장을 배치하여 기존에 대리와 계약직 각 한 명씩 있던 실무를 보강했다. 하지만 부장 역시 정년을 2년 남기고 직장생활 마무리를 편하게 하고 싶은 인사였고, 과장은 겸직으로 우선 업무 분야가 모금은 아니었다. 대리를 제외하고는 모금 교육조차 받은 적이 없는 직원들이었고, 부장급 부서가 되면서 대리는 오히려 보고와 서류 준비의 부담만 더 늘어났다.

동문들은 50주년 기념관 건립을 반기는 분위기였다. 낡은 본관 건물을 대체하고 학교 박물관과 편의시설이 새로 들어서는 아름다운 건물이 생긴다는데 싫어할 이유는 없었다. 다만, 기념관 건립을 위해 기부하는 것은 그리 선호하지 않았다. 그보다는 차라리 후배를 위한 장학금으로 기부하는 편이 더 좋다고 생각하고 있었다. 소유와 경영이 분리되지 않은 학교의 재산에 기부하는 것이 재단 일가의 재산 증식을 돕는 것 같다는 생각도 하고 있었다.

결국 모금 캠페인은 교직원들 위주의 약정으로 흐지부지 마무리되었다. 그럼에도 기념관은 완공되어 학교의 랜드마크가 되었다. 목표로 했던 기부금 100억 원 중 모금하지 못한 수십억 원은 다른 재원으로 채웠을 것이다.

구색은 구색으로 끝난다

위 이야기는 301 단체의 모금 캠페인과 비슷하지만 만족할 만한 모금 성과를 거두지 못한 어느 대학의 사례이다. 창립 40주년과 개교 50주년이라는 상황이나, 평소보다 훨씬 더 큰 규모의 모금 목표를 세운 것, 관련 조직과 인력을 정비·보강한 점 등은 유사하다.

하지만 302 대학의 모금은 모금액을 떠나 여러 가지 면에서 성공적이라 말하기 어렵다. 우선 302 대학의 50주년 기념관 모금 캠페인은 안팎으로 드러난 모금명분이 그리 매력적이지 않았다. 개교 50주년이라는 시기적 명분이 있었고, 신축하려는 기념관의 역할이나 상징적 가치도 충분히 내세울 만했지만, 이 점이 잠재기부자들에게 매력적이지는 않았던 것 같다. 302 대학의 잠재기부자들은 건물보다 장학금에 관심이 더 높았다. 50주년 기념관 신축을 위한 모금은 잠재기부자보다 학교 입장에서 더 절실한 사업이었다고 할 수 있다.

또한 모금 캠페인에 기부할 만한 유력한 잠재기부자들이 얼마나 준비되었는지 살펴보는 노력도 부족했다. 개교한 지 50년이 지났으므로 사회·경제적으로 성공한 연령대인 동문도 충분히 있었고, 전체 동문의 인원도 상당히 많았다. 하지만 이들 중에서 수억 원 이상을 기부할 수 있는 능력과 경험을 갖춘 잠재기부자는 몇 명인지, 또 이들이 학교와 학교에 대한 기부에 얼마나 우호적인지에 관한 심도 있는 분석은 이루어지지 않았다. 나중에 보니 동문을 비롯하여 접촉 가능한 잠재기부자로 선별된 기업이나 개인 중에 수억 원 내지 10억 원을 기부할 능력이 있다고 평가되는 이는 몇 명에 불과했고, 이들의 기부 가능성도 낮은 상황이었다.

그러다 보니 학교의 목표모금액은 평소 모금액, 모금준비 정도, 기부자 여건에 비해 높게 정하였는데, 설정 기준이 애매했다. 물론 학교 리더십 그룹에서 일련의 의사결정 과정을 거쳐 설정했지만, 이것이 건축의 재정부담을 감안한 것인지, 단순히 희망치를 제시한 것인지 알기 어렵다. 다만 잠재기부자의 역량이나 태도, 상황에 기초하지 않은 것은 확실하다.

더구나 유력한 잠재기부자들과 관계를 형성하고 기부를 요청할 리더 집단 또는 내부 위원회의 구성과 그 역할이 성공적 모금을 위한 것이라기보다는 다분히 구색만 맞춘 모양새였다. 총장을 비롯하여 부총장이나 대외협력위원장 등 리더들의 모금활동도 두드러지지 않았다. 그들이 진행한 여러 행사는 모금 목적의 행사와 단순한 기념행사가 뒤섞여 진지한 모금활동과 충분히 연계되지 못하였다.

　실무부서 구성 역시 아쉬운 점이 많았다. 인원은 늘어났으나 모금 관련 업무보다는 학내 일감이 더 늘어나 실무자의 행정적 부담만 가중되었다.

　302 대학의 이야기는 전반적으로 기부자의 입장이나 상황은 전혀 고려하지 않고 학교의 필요와 입장만 강조하고 형식을 갖추는 데 급급했다는 인상이 강하다. 물론 목표금액의 25%에 이르는 기부금을 모았으나, 이 역시 대부분 학내 구성원의 기여였다는 점은 302 대학의 모금이 지극히 내부지향적이었음을 보여 준다.

　개교 50주년 이후 몇 해가 지난 어느 날, 302 대학을 다시 방문하여 기념관을 둘러보았다. 붉은 벽돌로 지어진 외관이 수려한 이 건물은 다양한 기능의 공간들을 갖추고 잘 활용되고 있었다. 1층 한쪽 벽면에는 기념관 건축에 기부한 분들의 이름을 새긴 명판이 자리 잡고 있었다. 그 과정이 어떠하든 건물이 완공되어 잘 사용되고 있으니 다행이었다. 하지만 모금가의 입장에서 바라보는 기념관은 아쉬움이 곳곳에 묻어 있었다.

　기본적 원칙과 원리에 충실하지 않은 채 어떤 한두 가지 참신한 아이디어나 조치만 가지고 모금에 성공하기란 쉽지 않다. 모금은 많은 사람이 개입하고 여러 단계와 절차를 거쳐야 비로소 성과를 낼 수 있다. 이를 압축할 수 있지만 생략할 수 없다. 기획과 준비를 잘했어도 중간에 발생하는 예기치 못한 장애에도 대비해야 한다. 종합적이고 체계적인 사고와 기획, 준비, 실제적 자원 투입과 관리, 그리고 사후관리까지 망라한 종합예술이 바로 모금인 것이다.

더 깊은 생각을 위해 03

우리 단체만의 획기적 모금 팁이 있을까?

재정이 어려워 급히 자금이 필요한 단체의 리더들은 "우리 단체만의 획기적 모금 팁이 있을까요?"라고 묻는다. 과연 그런 것이 있기는 할까? 구글Google에서 'successful fundraising tips'를 검색하면 0.5초도 안 되어 154만 개의 자료를 찾아 준다. 그중에 하나, '모금 성공을 위한 10가지 팁' Fundraising Success: Top 10 Tips to Help You Succeed에서 소개하는 방법은 다음과 같다. *

1. 단체 리더는 기금 모금에 대해 일관된 메시지를 구성원들과 공유해야 한다.
2. 기금 개발에 성공하려면 장기적이고 일관된 노력을 투입해야 한다.
3. 모금에 투자하면 돈을 얻을 수 있다. 모금은 비용센터cost center가 아니라 이익 센터profit center이다.
4. 행사는 돈을 모으는 데 가장 비효율적인 방법이다. 거액기부자와 협력하는 것이 가장 효율적인 방법이다.
5. 모금은 조사연구로 뒷받침되는 특화사업이다.
6. 모금 성공을 위해서는 조직 내 모든 사람의 도움과 지원이 필요하다.
7. 모금은 기부자에게 '돈 내라고 물어붙이는 것'pitch이 아니다.
8. 새로운 기부자를 찾는 것보다 현재 기부자를 유지하는 것이 재정적으로 더 중요하다.
9. 기부자와의 커뮤니케이션에 투자하면 조직을 위한 돈도 받을 수 있다.
10. 기부자의 거액기부는 이전보다 더 훨씬 가능성이 높다.

---

* https://www.gailperry.com 참조.

위의 내용을 살펴보면 가벼운 팁이라고는 하나 어느 하나 가벼운 것이 없다. 검색 결과는 모금에 관한 팁인 것처럼 노출되었지만 본문을 자세히 들여다보면 이 10가지를 '기본적인 기초'basic fundamentals라고 소개하고 있다. 모금에서 획기적 아이디어나 남들은 모르는 팁 등은 없다는 것이다. 하도 많은 사람들이 가볍게 바로 적용할 수 있는 모금 팁을 찾으니 검색의 제목과 본문의 제목을 다르게 하여 조회를 유도한 듯하다.

결론적으로 모금에서는 실제로 가볍게 적용하여 성공할 수 있는 획기적인 팁이 존재하기 어렵다. 가장 기본적인 것부터 챙겨서 제대로 하는 것 외에 별다른 지름길은 없다고 할 수 있다.

—

제 4 장

시작하는 작은 단체가 잘하는 법

이야기 401 **경운기를 기부받은 수녀님**

지방 소도시에 있는 401 복지관의 관장 수녀님은 돈이 좀더 있다면 더 많은 사람들을 도와줄 수 있을 것이라고 늘 생각했다. 정부에서 401 복지관에 매년 배정해 주는 예산은 전체 예산의 일부였고, 나머지는 수녀회가 지원했지만 운영은 늘 빠듯했다.

　그러던 어느 날 관장 수녀님은 모금 교육 안내 메일을 받고 하루 시간을 내어 교육에 참가했다. 강의 내용은 대부분 잘 정리되어 있었고, 사용하는 용어도 어렵지 않았으며, 사례도 많이 소개해 주었다. 하지만 실제로 복지관으로 돌아가서 뭘 어찌하라는 건지 도무지 감이 잡히지 않았다.

　쉬는 시간에 관장 수녀님은 휴게실에서 강사를 붙잡고 물었다. "나는 모금을 해본 적이 없고, 대학이나 큰 국제구호단체처럼 거창하게 모금할 수도 없어요. 내가 돌아가서 첫 번째로 해야 할 일을 알려 주세요!" 강사는 빙그레 웃으며 "그러시다면 돌아가셔서 수녀님이 아시는 교인이나 동네 부자 중에 기부할 것 같은 분 20명의 이름을 적어 보세요. 아침마다 그 명단을 한 번씩 쳐다보고 그분들이 기부할 수 있도록 해달라고 기도하세요. 그리고 꼭 필요할 때 그 기도를 믿고 대담하게 기부요청을 해보세요"라고 답했다.

몇 달 후 강사는 관장 수녀님의 전화를 받았다. "선생님, 받았어요! 그때 이야기해 주신 대로 했더니 어제 처음으로 300만 원을 받았어요!' 수녀님은 교육을 마치고 돌아가 정말 잠재기부자 명단을 만들었다. 그리고 401 복지관에 경운기 한 대가 필요해지자 명단 맨 위에 이름이 적혀 있던 분에게 이야기했고, 그분은 복지관에 그런 게 필요한 줄 몰랐다면서 경운기 한 대 값을 흔쾌히 기부했다.

수녀님은 기쁘게 말했다. "늘 전전긍긍하기만 했는데 평소에 잘 알던 분께 요청하니 되는군요. 세상에는 좋은 분들이 많은 것 같아요."

앞 장에서 살펴본 것처럼 모금에 성공하려면 종합적이고 체계적인 기획과 준비가 필요하고, 여러 사람과 많은 돈이 투입되어야 하며, 압축할 수 있으나 생략할 수 없는 여러 단계를 차근차근 밟아야 한다. 하지만 모금을 막 시작하는 작은 단체가 이 방식으로 모금에 성공하기는 어렵다. 직원 수 대여섯 명에 예산은 불과 몇 억 원인 작은 단체가 301 단체와 같은 모양새를 갖추고 모금에 나설 수 있겠는가.

대부분의 단체들은 모금을 위해 전담부서나 전담직원은 고사하고 겸직하는 직원도 두기 어렵고, 모금에 필요한 자원을 투입할 여력도 없다. 예를 들어, 대전 지역 비영리단체들의 현황을 살펴보자. 대전 지역 총 503개의 비영리단체 중 상근자 수가 2명 이내인 경우가 33.3%, 3~5명인 경우가 20.4%이며, 상근자가 없는 조직도 9.9%나 되었다. 연간 예산 규모도 1억 원 이하가 68.1%로 10곳 중 7곳 정도이다.• 이런 인력과 예산으로 모금에 많은 것을 투입하기는 어렵다.

• 대전광역시NGO지원센터(2016), 〈대전 지역 비영리 민간단체의 현황 및 실태조사〉.

그렇다면 모금을 막 시작하는 작은 단체는 어떻게 해야 하는가? 그저 비를 기다리며 하늘만 쳐다보는 천수답의 농부처럼 어쩌다 들어오는 후원금을 한없이 기다리며 버티는 것이 유일한 방법일까?

401 복지관의 관장 수녀님은 모금을 막 시작하는 작은 단체에 해답 하나를 보여 준다. 즉, 가능성 높은 소수의 거액기부에 집중하는 것이다. 관장 수녀님은 직접 아이템을 선정하고, 잠재기부자를 정리하며 요청하고 예우하는 일까지 도맡았다. 잠재기부자 수는 많아야 수십 명에 불과하므로 이들의 정보는 따로 수집하고 관리할 필요 없이 간단한 메모로 충분히 정리할 수 있었다. 별도의 모금행사 대신 평소 식사시간이나 티타임을 활용했다. 아이템은 복지관 이용자들에게 어떤 도움과 유익을 줄 것인가에 초점을 맞추었다. 그리하여 전담직원을 두지 않고 리더가 자신의 시간을 할애하여 집중하는 것만으로도 충분히 모금에 성공할 수 있었다.

이런 방법은 단체의 크기나 종류와 무관하며, 작은 단체는 물론 모금을 처음 시작하는 어떤 단체도 시도할 수 있다. 단, 이야기에서 주목해야 할 점은 성공적 모금이 이루어지려면 과정을 압축할 수는 있어도 생략할 수 없다는 것이다. 모금활동을 간략히 하더라도 기부자를 찾고 만나고 요청하는 일련의 활동을 생략할 수 없다. 401 복지관의 관장 수녀님도 혼자서 아주 단순한 방법으로 모금을 했지만 이러한 과정을 모두 거쳤다.

특히 401 복지관은 서울이 아닌 지방의 소도시에 있다. 수도권이 아닌 지역사회에서 모금이 어려운 이유 중 하나는 유력한 잠재기부자가 부족하기 때문이다. 관장 수녀님은 이런 약점도 슬기롭게 극복하였다. 평소에 유력한 잠재기부자들을 눈여겨보았다가 이웃으로서 인사를 나누고 그들의 삶에 관심을 보이며 가끔 복지관에 관한 이야기도 하면서 돈독한 관계를 형성해 둔 것이다.

가능성 높은 기부에 집중한다

401 복지관 관장 수녀님의 이야기의 핵심은 '될 수 있는 것에의 선택과 집중', 그리고 '성공 사례 만들기'다. 모금은 기부 가능성이 가장 높은 대상으로부터 시작한다. 관장 수녀님의 모금 출발점은 가장 기부확률이 높은 지인이었다. 첫 번째 요청에서 기부를 받은 것은 사실 운도 따랐을 것이다. 그러나 처음부터 모금 성공 사례를 만들면서 실질적 재정확보는 물론이고 자신감을 얻은 점에 주목해야 한다.

우리가 모금 성공 사례를 만들거나 성공률을 높이기 위해 쓰는 익숙한 방법이 있다. 후원자가 필요하면 정기후원자 확대 캠페인을 하는 것이다. 제1의 타깃은 직원들로, 후원 회원을 몇 명씩 늘리는 임무를 준다. 직원들의 가족이나 가까운 친척 몇 명을 후원자로 모시면 살림이 좀 나아지리라는 기대감, 이들이 약정을 더 잘해 주리라는 기대감이 그 이면에 있다. 실제로 몇 차례는 상당한 성과를 거둘 수 있다. 그러나 시간이 흐를수록 직원들은 이를 점점 회피한다. 기존의 후원자들은 이제 요청에 별 호응이 없고, 발행하는 소식지에 약정서를 끼워 넣어도 마찬가지다. 누군가의 도움을 받아 홈페이지에 후원 약정 페이지를 만들어 놓아도 이를 통해 들어오는 후원 신청은 미미하다. 정기후원자 확대 캠페인은 무위에 그치곤 한다.

냉정하게 현실을 들여다보자. 작은 단체의 모금에서 리더의 역할을 배제하는 것은 불가능하다. 여기서 '선택과 집중'을 권한다는 점을 기억하자. 모금을 시작하는 전략으로서 리더의 역할이 소식지에 약정서 넣기, 저금통 모으기, 홈페이지 확인하기, 직원들 독려하기 등이라고 보기 어렵다. 이보다는 수십 명의 잠재 거액기부자에게 집중하는 것이 더 유효하다. 설령 단체에서 확보할 수 있는 최고 기부자가 월 3만 원의 정기기부자라고 해도 거액기부자의 후원을 개발하는 역할은 리더가 맡아야 한다. 따라서 리더는 더 많은 기부금을 확보하는 데 시간과 노력을 집중해야 한다.

이야기 402 밖으로 도는 지역아동센터장님

광역시 외곽에 있는 402 지역아동센터의 갑 센터장은 센터에 머무는 시간이 매우 적다. 주로 밖으로 돌아다니며 사람들을 만난다. 센터의 일은 직원들이 알아서 한다.

여름이 다가오면 어디선가 에어컨을 받아 오기도 하고, 냉장고를 받아 다른 센터에 보내 주기도 한다. 월정 후원 약정서나 현금도 받아 오고, 장판도 받아서 깔고, 재능기부자도 모셔 온다. 이곳저곳에서 좋은 물건을 받아 와 바자회를 열기도 한다. 부지런히 돌아다니며 상가를 방문하고 동네 공장들도 찾아가 사람들을 만나고 온다.

다른 센터에서는 일손이 부족해서 센터장도 아이들 숙제를 봐주고, 영어나 수학을 가르치며, 비상근 강사도 관리한다. 아이들을 저녁 먹여 집에 보내고, 회계나 행정 처리도 한다. 주말에는 이런저런 프로그램에 아이들을 데리고 다니고, 중간중간 협회 모임이나 간담회, 교육에도 참여한다. 그런데 갑 센터장은 이런 센터 안의 일보다는 밖으로 돌며 기부자를 만나는 모금활동에 더 많은 시간을 쓴다.

갑 센터장은 본인이 모금활동에 시간을 들이는 대신 이를 통해 모집된 기부

금품으로 센터 운영에 기여하는 것이 훨씬 낫다고 이야기한다. 자기가 모아
오는 기부금품은 다른 교사 한 명을 채용할 수 있을 정도로 충분하니, 본인이
센터 내부의 일에 주력하지 않고 모금에 주력해도 별 차이는 없다는 것이다.
오히려 지역사회에 402 지역아동센터가 홍보되니 더 좋지 않느냐고 반문한
다. 그리고 지역아동센터처럼 작은 시설은 직원이나 자원봉사자의 모금에 한
계가 있으므로, 센터장이 직접 나서야 효과가 있다고 말한다.

리더라면 모금에 우선순위를

401 복지관 관장 수녀님의 상황에서 더 발전한다면, 단체 리더는 자신
의 시간 중 절반을 모금활동에 투입하고 여타 업무는 다른 구성원이 책
임지고 수행하는 방법을 생각해 볼 수 있다. 실제로 이렇게 하는 것이
어려울 것이라고 생각한다면 402 지역아동센터장 이야기를 주목하길
바란다.

지역아동센터는 직원 수나 예산이 복지관보다 더 부족하다. 직원들
은 센터와 아이들을 챙기는 일만으로도 버거워하는 것이 보통이다. 그
런데도 갑 센터장은 생각이나 하는 일이 다른 센터장과 다르다. 갑 센
터장은 센터의 중요한 일을 챙기지만, 후원을 개발하고 기부자를 예우
하면서, 외부와 협력 네트워크를 형성하고 관리하며, 심지어 다른 센
터를 도와주는 데 더 많은 시간을 할애한다.

갑 센터장 역시 센터와 아이들을 위해 필요한 것이 무엇인지 늘 살핀
다. 그것이 물건일 수도 있고, 프로그램일 수도 있다. 한편, 평소 지역
사회의 유력한 잠재기부자들을 확인하고 이들을 챙긴다. 큰 선물을 하
거나 거창한 행사를 준비하는 것이 아니다. 가끔 지나면서 인사하거나

안부를 묻고, 작은 일에 도움을 주기도 한다. 그러다가 잠재기부자에게 수익이 생기거나 센터의 필요가 드러날 때, 기부자와 아이템을 매칭하여 후원을 요청한다. 늘 아이템을 모니터링하는 한편 기부자를 가까이하면서 구체적 기부활동과 연결하려고 노력한다.

401 복지관의 관장 수녀님이 처음으로 해본 모금활동이 일상화된 것이 갑 센터장의 모금활동이다. 유력한 잠재기부자를 지역에서 찾아 친해지고 결정적인 순간을 선택하여 기부요청을 한다. 감사와 예우도 일상의 활동 속에서 자연스럽게 챙긴다. 센터장의 주요 역할과 많은 시간을 사용하는 업무가 모금으로 정해져 있고 갑 센터장은 이 역할을 충분히 잘 소화하고 있는 것이다.

갑 센터장의 가장 돋보이는 점은 모금에 관한 그의 생각이다. 갑 센터장은 센터장으로서 모금가의 정체성을 갖고 있는데, 자신이 모금으로 충분한 재원을 조성하여 이를 통해 다른 전문 직원을 센터에 투입하는 것이 더 낫다고 생각한다. 지역사회 내에서 센터의 위상을 높이고, 다른 사람들이 선한 일을 할 기회를 만들며, 센터는 직원이 늘어 도움이 되고, 자신은 지역사회 곳곳을 두루 살피면서 센터와 아이들을 위해 더 나은 기회를 포착할 수 있다고 믿는다.

이야기 403 무모한 도전과 성공

가족상담을 주요 사업으로 하는 403 연구소는 설립 20년 만에 본격적인 모금 캠페인을 펼치기로 결정했다. 모금의 필요성은 4~5년 전부터 간헐적으로 제기되었다. 연구소가 처한 재정적 어려움을 타개함은 물론이고, 몇 년 전부터 시범사업으로 운영했던 저소득층 가족을 위한 무료 가족상담이나 치료 프로그램을 본격적으로 추진하기 위해 추가 재원이 필요해서다. 그러다가 몇 달 전 이사장의 결단이 계기가 되어 공개적으로 후원자를 모집하기로 결정한 것이다.

이를 위해 403 연구소는 우선 수백만 원을 들여 모금 전문가의 자문을 받았다. 그리고 연구소 직원들과의 정기적 회의에서 모금 계획 수립, 자료 준비, 연구소 내에 산재한 잠재기부자 명단 정리 등을 통해 모금에 대한 기대감을 조성하였다. 또한 효과적 모금 관리를 위해 모금 전문 소프트웨어를 도입하고 사용자 교육을 마쳤다. 자문과 실무 회의를 통해 요청의 방법으로 전화를 사용하기로 하고 이를 위한 세부 사항도 준비하여 실행하였다. 모금 전문 소프트웨어를 활용하여 잠재기부자들에게 문자를 전송하고, 이에 반응이 없는 사람을 요청 대상 목록에서 제외하였으며, 전화 요청 며칠 전에 다시 한 번 모금 캠페인의 실행을 공지하였다. 적은 돈이라도 거치는 작업마다 비용이 들어갔다.

이후 내부 논의에서 전화 요청을 담당할 사람으로 전화 요청 전문가를 섭외하기로 결정하였다. 전화 요청 전문가는 연구소 직원과 협의하여 전화 요청 스크립트를 만들고 대상자 명부를 정리한 후 연구소에 상주하며 후원요청을 했다.

10여 일간 잠재기부자를 대상으로 한 전화 요청 후에는 감사 문자와 감사 카드를 발송하였다. 몇몇 거액기부자에게는 연구소에서 직접 감사 전화를 했다. 몇 명 안 되는 직원으로 모금 캠페인을 끝내고 간단한 보고서를 준비하고 있으며, 후원 관련 전화에 응대하는 요령도 배우고 있다. 이런 업무가 늘어나면 전담인력을 보강하는 것도 검토 중이다.

투자가 돈을 만든다

이제 막 본격적으로 시작한 403 연구소의 모금이 앞으로 어떻게 발전하고 변화할지는 아직 알 수 없다. 그럼에도 기대감이 드는 이유는 403 연구소가 처음부터 과감한 투자를 감행했기 때문이다. 기부자 선물에 돈을 쓴 것은 물론이고, 모금 전문 소프트웨어를 도입하고, 모금 전문가와 전화 요청 전문가도 고용하였다. 직원들의 시간과 노력도 대거 투입하였다. 직원들은 정기적 회의에서 자료를 직접 챙기고, 잠재기부자 명단을 만들고, 모금 전문 소프트웨어 사용법을 배웠다. 모금에 시간을 내고 우선순위를 높여 투자하라고 권해도 기존의 업무가 많고 바쁘다는 핑계로 외면하는 많은 단체들의 모습과 확연히 다르다.

403 연구소가 자신의 역량에 벅찰 정도의 예산과 시간, 노력을 투자하여 추진한 이번 모금 캠페인은 경제적 목표를 충분히 달성했다. 뿐만 아니라 모금 캠페인 투자는 다양한 면에서 성과를 거두었다.

첫째, 403 연구소는 이번에 비용을 들여 모금 캠페인을 운영해 봤기 때문에 다음에 모금 캠페인을 추진할 때에는 이번보다 훨씬 낮은 비용으로 실행할 수 있다. 이미 설치한 모금 전문 소프트웨어를 사용할 것이고, 한 번 실행해 본 경험이 있으니 자문의 필요는 줄어들고 직원들이 직접 담당하는 일이 늘어날 것이다. 그리고 앞으로 매년 지속적으로 모금 캠페인을 진행하면 주변 사람들의 인식이 높아져 모금의 성과도 더 높아질 가능성이 있다.

둘째, 모금 캠페인의 준비와 실행 과정이 6개월간 진행되면서 403 연구소는 저소득층 가족상담이나 프로그램에 대한 공식적 책임을 지게 되었다. 이전에 비공식적으로 이 사업을 할 때에는 필요와 여건에 따라 시행하기도 하고 연기하기도 했다. 하지만 공개적 모금 캠페인을 시행한 이후로는 저소득층을 위한 상담이나 프로그램을 개설하고 운영하겠다는 약속을 지켜 나갈 수 있게 되었다. 모금이 프로그램이나 사업의 변화를 가져온 것이다.

셋째, 우리가 왜 모금을 해야 하는지, 어디에 어떻게 사용할 것인지, 누가 우리의 친구가 되어 줄 것인지, 과연 우리가 모금할 자격이 있는지에 대해 연구소 임직원이 상의하고 합의하는 과정을 거치며 조직에 대한 새로운 이해와 소속감을 공유하게 되었다. 이전에는 당연하게 여기거나 잊고 있었던 것들의 중요성이 부각되고, 서로 쉽게 이해할 수 있는 공유된 사고와 언어체계도 가지게 된 것이다.

넷째, 모금 실무자 입장에서 어떻게 연구소 이해관계자를 관리하고, 모금 관점에서 어떻게 관계를 형성하고 발전시켜야 하는지 알게 되었다. 403 연구소는 처음에 요청 가능한 대상자로 정리한 명단의 절반에게만 전화할 수 있었고, 전화 연결률도 기대보다 많이 낮았다. 그렇지만 이 과정에서 앞으로 이해관계자들과 어떻게 소통하고 관계를 유지할지 고민했고, 그 결과를 바탕으로 대안을 마련하게 되었다.

물론 몇 가지 아쉬움도 있다. 자문을 받아 임직원의 노력으로 만든 모금명분서를 전화 요청의 일환으로 대상자에게 송부하기로 했으나 어떤 이유에서인지 이를 생략하였다. 준비 지연으로 요청 시기가 계획보다 한 달 정도 연기되는 일도 있었다. 비용도 처음 예상보다 더 많이 들었다. 하지만 이런 아쉬움을 다음 모금 캠페인에서 보완한다면 403 연구소는 한 단계 더 높은 모금을 할 수 있을 것이다.

이야기 404 늘어나는 모금방법

2000년대 초반까지 교육운동단체의 장으로 활동하던 S 대표는 세 번의 대표 임기를 마친 후 시민운동단체 404를 설립하였다. 사무실을 얻고 집기와 컴퓨터를 들여놓는 것은 몇몇 이사와 지인의 거액후원으로 해결하였다. 하지만 매달 운영비와 인건비, 사업비는 부족했고 운동의 목표를 달성하기 위해 사업을 확장하는 것도 힘들었다.

결국 S 대표는 이전에 몸담았던 교육운동단체의 양해를 얻어 그 후원회원들에게 404 단체를 소액으로라도 월정 후원을 해달라고 편지와 이메일, 문자 메시지를 보내기로 했다. 그 교육운동단체의 후원회원들은 추가적 후원지출에 대한 부담이 있었지만 S 대표의 진실성과 열정을 믿고 일부가 후원에 동참하였다.

사업이 확장되면서 404 단체는 또 다른 잠재후원자군을 확보할 수 있었다. 바로 단체가 진행하는 교육 프로그램의 참가자였다. 연간 4회 운영되는 교육 프로그램에는 기수별로 40~50명이 수강하였는데, 연간 200여 명에 이르렀다. S 대표와 404 단체는 이들에게 역시 여러 번 이메일과 휴대폰 문자 메시지를 보내 월정 후원을 요청하였다. 또 후원이 늘어 한 명의 후원담당자를 사무국에 두게 되었다.

다음으로 404 단체가 취한 모금방법은 S 대표의 강연에서 후원을 요청하는 것이었다. 이전의 교육운동 경험과 단체의 성장으로 S 대표와 단체의 인지도가 높아지자 여러 곳에서 대표에게 강연을 요청했다. 단체와 S 대표는 강연 요청의 수락 조건으로 강연의 마지막 5분을 후원요청에 사용하게 해달라고 제안하고 이를 수락하는 곳에서만 대표가 강연을 했다. 강연을 할 때마다 후원담당자가 단체의 운동과 관련된 서적과 홍보지, 약정서를 챙겨서 대표와 동행했다. 강연에서의 후원 약정률은 어떤 소그룹에서 50%가 넘은 적도 있었고, 수백 명의 대형 강연에서 수십 명의 후원자가 들어오기도 했다.

몇 년이 흐르자 후원담당자는 기존의 후원자에게 증액을 요청하여 거액기부자 클럽을 구성하였다. 이전 기부자에게 새로운 사업을 소개하며 한 번에 수백만 원 혹은 월 20만 원 이상을 기부하도록 요청했다. 그리고 이들을 별도의 클럽 회원으로 모시면서 모임도 갖고 별도의 예우 활동도 실행했다.

그 결과, 개인 기부자 수가 1천 명이 넘어가고 거액기부자도 100명이 넘어가면서 후원담당자 혼자서 업무를 감당할 수 없게 되었다. 이에 담당자를 한 명 더 늘려 두 명으로 팀을 구성하고 모금 전문 소프트웨어도 도입하였다. 이 사회에서도 모금은 빠질 수 없는 의제가 되어 늘 진지하게 논의하였다. 몇 년 전부터는 연말 후원자의 밤도 개최하고 있다.

최근 404 단체는 기업과의 스폰서십을 진지하게 검토하고 있다. 단체의 운동과 관련된 의제로 기업의 모델을 공동으로 개발하기 위해서다. 사업과 재원 조성이 강력하게 연계된 이 새로운 모델을 이전에는 검토조차 해보기 어려운 분위기였음은 물론이다.

시작은 미미해도 이를 확장한다

한 번 모금활동을 잘 수행했다고 해서 그다음부터 저절로 모금활동이 잘 진행되리라는 보장은 없다. 한두 번의 성공이나 작은 노력만으로 기부금이 계속 잘 들어오리라고 기대하는 것은 착각이다.

401 복지관의 관장 수녀님 이야기는 모금의 첫걸음을 떼며 이제 시작한 것일 뿐이고, 402 지역아동센터 갑 센터장의 이야기는 모금이 센터장의 주요 업무로 일상화된 수준에 이른 것에 불과하다. 404 단체는 단체의 필요는 물론 잠재기부자 여건을 반영하여 모금 계획을 세우고, 대상을 확대하며, 모금방법을 다양화하는 등 단체에 적합한 방식으로 모금을 확장했다. 하지만 여기서 한발 더 나아가야 단체의 시스템으로서 모금이 자리 잡을 수 있다.

앞의 두 이야기에서 보듯이, 본격적인 모금활동은 단체의 대표자가 시간이 되는 대로 요청에 나서고, 행정을 담당하던 직원에게 모금 지원 업무를 겸직하도록 하면서 출발한다. 그리고 기부금이 들어오면 이를 확인하여 엑셀 표에 정리하고, 정기 보고서를 만든다. 기부금 영수증을 보내고, 기부자를 소식지 발송 명단에 포함하며, 작은 선물을 준비하여 생일이나 명절에 증정한다. 그러다가 기부자와 기부금이 늘어나면 모금 지원 업무를 전담하는 모금담당자를 배치한다. 모금 홍보를 단체 홍보에 접목하는 형태로 발전시켜 홈페이지에 약정 페이지를 추가하며, 소식지에 기부자 소식이나 요청 양식을 싣고, 연말에 감사의 밤을 개최한다. 기부자에게 보내는 예우 물품이나 자료를 늘리고, 바자회 등 행사도 추가한다. 더 나아가, 404 단체처럼 모금 전문 소프트웨어를 구비하고 모금 조직을 확장하여 작은 모금팀을 이룬다.

대부분의 단체는 이 수준에서 모금활동의 성장을 멈춘다. 단체에서는 이미 2~3명의 직원을 배치하여 더 이상의 여력이 없다. 이 지점이 모금활동 성장의 병목인 것이다. 직원들은 주로 모금 후 행정 처리와 관리 등에 치중하느라 잠재기부자를 찾거나, 그들과 관계를 형성하여 추가 후원을 개발하거나, 제안 및 요청활동을 활성화하는 데까지 이르지 못한다.

이 지점을 넘어 더 성장하려면 잠재기부자를 찾아 개발하여 요청하는 모금의 주 활동에 인력을 더 배치한다. 그리하여 비로소 거액모금팀과 소액모금팀을 구성하여 기존의 행정지원팀과 더불어 거의 완전한 협력체제를 갖추고, 리더와 실무자, 외부협력 그룹이 거액모금과 소액모금의 균형을 맞춰 모금활동을 추진하게 된다.

작은 단체가 마음먹고 모금을 시작하는 단계라면 앞의 여러 이야기에서 보았듯이 리더가 거액모금에 시간과 노력을 들이는 일부터 시작할 것을 추천한다. 초창기에는 일정 수의 잠재기부자를 찾고 평가하고 개발, 예우하는 일을 단체의 리더 혼자서도 충분히 할 수 있기 때문이다. 작은 단체의 시작 단계에서는 모금 관련 업무에 직원을 배치하거나, 큰 데이터베이스를 갖추고 운용하거나, 대량의 홍보자료를 제작하는 일이 굳이 필요하지 않다. 개별적 만남이나 소규모 모임에서 모금을 요청하므로 대형 모금행사도 꼭 필요하지 않다.

이런 방식으로 거액기부자 수가 늘어나면 그때부터 소액모금의 필요성이나 모금 지원의 소요를 고려하여 담당인력을 차츰 늘리면 된다. 이때부터는 고액모금이 가지는 불안정성을 극복하기 위해 다수의 기부자 풀pool을 확보할 필요가 생기며, 모금을 지원하는 활동의 필요성도 아울러 커지기 때문이다.

규모가 작거나 처음 시작하는 단체에서 모금을 하려면 어떤 지혜를 발휘해야 하는지 묻는 이들에게 답이 되었을 것이다.

더 깊은 생각을 위해 04

모금활동 투자 재원을 마련하는 방법

재정이 취약한 작은 단체들은 모금에 본격적인 투자가 필요한 단계에 이르러도 이에 소요되는 재원을 확보하는 것이 여전히 과제로 남아 있을 수 있다. 즉, 단체 내에 준비된 예산이 없거나 앞으로도 마련하기 어려운 상황일 수 있다. 이때 사용할 수 있는 방법이 몇 가지 있다.

첫째, 이사회가 일정액의 모금 재원을 조성하여 이를 모금에만 사용하도록 지원하는 것이다. 둘째, 모금에 사용하는 지정기부금으로 거액기부를 받는 방법이다. 이사 중에 이를 해결해 주는 사람이 있으면 좋겠지만, 그렇지 못 하다면 단체의 상황이나 모금의 가치를 이해할 만한 잠재 거액기부자를 찾아 정중하게 요청한다. 마지막으로, 외부에서 차입하는 방법이다. 모금을 위해 빚을 낸다는 결정은 쉽지 않지만, 성사만 된다면 단체가 모금의 발전을 기할 수 있다.

이야기 405 차관으로 모금에 투자한 단체

오래전 유럽에서 한국에 들어와 지부를 설립한 인권단체 A는 주 회원이 대학생으로, 회원 수는 오랫동안 수백 명 수준에 머무르고 있었다. 한국이 OECD에 가입하는 등 경제적으로 성공하고 국제적 위상도 높아지자 유럽의 본부는 한국 지부의 인권활동과 모금활동을 강화하기로 결정하였다.

하지만 대부분이 대학생인 불과 수백 명의 회원이 내는 회비로는 활동비조차 부족하여 본부의 지원을 받던 한국 지부는 모금에 큰돈을 투자할 여력이 없었다. 그리고 이 단체는 인권 문제에 헌신하기 위해 기업 기부나 개인 거액기부보다는 전통적으로 개인 회원 회비와 소액기부에 주력해왔다. 한국에서도 역시 개인의 월정 기부 개발에 초점을 두었는데, 이를 모집하는 데에도 큰

돈이 들었다.

이 문제를 해결하기 위해 A 단체 한국 지부는 두 가지 방법으로 투자 재원을 확보하였다. 하나는 국제 본부의 지원금이었다. 한국 지부는 본부로부터 100만 달러를 지원받았다. 3년 내에 일정 수준의 재정 규모에 이르면 이 재정으로 또 다른 나라 지부의 모금활동을 지원하는 조건이었다. 다른 하나는 재정 규모가 큰 유럽 국가 지부로부터 차관을 들여오는 것이었다. 비영리단체가 외국으로부터 차관을 들여온 사례가 없었기에 이 자금이 국내로 유입되는 데 상당한 수고와 시간이 들었다. 우여곡절 끝에 차관 50만 달러를 들여올 수 있었다.

한국 지부는 이 차관과 지원금으로 거리모금에 투자한 결과, 5년 만에 차관을 모두 상환하였다. 지원받던 지부에서 다른 지부를 지원하는 지부로 성장했으며, A 단체 국제 이사회의 일원이 되는 데 성공했다.

A 단체 한국 지부는 비록 국제단체 지부이지만 초기 투자 재원을 전략적으로 조달하여 작은 단체로서 모금활동을 적극적으로 펼친 성공 사례가 되었다. A 단체 한국 지부의 사례에서 눈여겨볼 점은 초기 자금을 오로지 모금에만 투자하기로 결정하고 이를 수용하여 그대로 집행한 것이다. 많은 단체들은 초기 재원을 주로 사업을 정착시키는 데 투입하는 반면 A 단체는 사업과 별도로 국제본부 지원금과 차관을 모금에 지정하여 투자하였다.

이 사례의 차관이나 지원금은 다른 단체에서는 금융권 융자나 이사의 거액기부일 수 있다. 모금을 위한 투자 재원을 마련하는 방법이 무엇이든 간에, 비용을 통제하려는 단기적 관점보다는 모금 역량을 강화하고 이를 통해 다시 기부금을 늘리려는, 전략적 투자의 중장기적 관점을 취해야 한다.

제 5 장

합리적인 모금 목표

이야기 501 희망에 근거한 501 병원의 모금 목표

오랜 역사와 명성을 가진 501 병원은 병원의 도약을 위해 새 병원 건물을 짓기로 하고 대대적인 모금 캠페인을 시작했다. 목표모금액은 전체 건축비의 30%인 300억 원이었다. 하지만 모금을 시작한 지 2년이 지나 건물은 올라가는데 모금액은 100억 원에도 이르지 못했다. 이에 병원 리더십 그룹은 목표금액을 200억 원으로 낮추었다. 그러나 1년이 더 지나도 모금액은 150억 원을 넘지 못했다. 기부금은 늘지 않는데 건물은 입주 준비를 해야 할 정도로 순조롭게 잘 지어지고 있었다.

애초에 모금 목표를 300억 원으로 정할 때부터 그 근거가 애매했다. 300억 원의 근거는 기부금을 받을 대상 그룹을 정하고, 각 그룹별로 대략 정한 기대금액을 합산한 것이었다. 의대 및 간호대 동문 100억 원, 기업 50억 원, 환자 등 개인 50억 원, 교직원 50억 원, 기타 50억 원, 이런 식이었다. 비교할 만한 다른 병원이 새 병원을 지을 때 모금했던 액수를 알아보니 약 300억 원이었는데 501 병원도 그 정도는 해야 할 것 같았다.

목표를 200억 원으로 낮출 때에도 무슨 근거가 있었던 것은 아니다. 기대

했던 것보다 기부금이 적게 들어오고, 기존 대상 외에 추가로 기부해 줄 만한 대상도 잘 보이지 않으니 액수를 낮춘 것이었다.

목표금액을 200억 원으로 조정하던 시점까지 들어온 가장 큰 거액 기부금은 2억 원이었다. 병원에서 그보다 큰 금액을 기부할 것으로 기대했던 초창기 동문 중 한 분이 2억 원을 기부하였다. 그 액수를 기준선으로 삼아 후배들은 2억 원 혹은 그보다 적은 금액만 기부하였다. 그 후 병원은 10억 원 이상의 기부금과 수억 원의 기부금을 몇 건 더 받고 동시에 소액모금도 해야 한다는 외부 자문을 받아 이에 주력하면서 모금에 탄력을 받기 시작했다.

모금에 성공했는지 여부는 오로지 목표의 달성 여부로 판단할 수 있다. 그렇기 때문에 성공적 모금의 출발점은 목표를 제대로 세우는 것이다. 첫출발인 목표 설정부터 허황되거나 부실하다면 모금 과정은 물론 평가도 부실해지고, 단체 내에서 모금의 위상이나 역할도 모호해진다.

모금 목표는 확실한 근거를 기반으로 해야 한다. 501 병원의 초기 목표모금액은 분명했고, 그 목표를 대상별로 나누어 할당하는 등 모양새는 그럴듯했다. 하지만 이는 목표라기보다 근거가 부실한 희망에 불과했다. 그 정도가 모금되면 병원 새 건물 건축에 큰 도움이 될 액수, 다른 병원과 비교해도 손색없는 액수였던 것이다.

3장의 302 대학도 50주년 기념관 목표모금액이 분명했고, 목표금액을 정하는 방법도 501 병원과 별반 다르지 않게 희망 금액을 단순히 제시하는 것이었다. 앞에서 살펴본 301 단체가 체계적인 분석과 평가를 활용하여 목표금액을 정하고 수정했던 것과는 다른 방식이다.

그렇다면 어떻게 모금 목표를 설정하는 것이 바람직한가? 목표 금액의 규모를 설정하는 방법은 크게 수요(필요)를 기반으로 하는 것과 (모금) 가능성을 기반으로 하는 것, 두 가지가 있다.

수요 기반 목표는 불안정하다

돈의 필요성, 즉 수요를 기반으로 모금 목표를 세우는 방법은 합리적 모금 목표를 세운다고 하는 우리나라 비영리단체들이 흔히 쓰는 방법이다. 이 방법은 모금 목표를 정할 때 가장 쉬워서 또는 어쩔 수 없어서 재정 소요에 기반을 두는 것으로, 대략 다음 논리를 따른다.

비영리단체의 예산은 사업비와 행정비 그리고 모금비로 크게 구분된다. 그리고 이 예산 소요를 충당하는 재정 원천은 정부지원금, 기존에 확보한 사업비, 기금 수입, 이용료 수입, 수익사업, 모금 등으로 다양하다. 재정 수요 기반으로 목표모금액을 정한다는 개념은 단체의 전체 예산 소요를 충당할 재정 원천에서 모금을 제외한 다른 재정 수입이 얼마나 될지를 확인하고 나머지를 모금으로 충당한다는 것이다.

세부 사업이나 프로그램의 비용 소요에 기반을 두고 목표모금액을 정할 수도 있다. 이른바 모금 아이템에 기초를 두는 것으로, 프로그램의 예산이 확정되고 나면 이를 충당할 수 있는 재원을 찾아본 후 나머지 부분을 모금으로 충당하는 계획을 작성하는 것이다.

302 대학 목표모금액이나 초창기 501 병원의 목표모금액은 이런 방식으로 산정되었다. 건물의 건축비에서 여러 가지 재원을 검토하다가 부족액을 목표모금액으로 정하는 것이다. 반대로 목표모금액을 정해 놓고 그다음 다른 재원에서 얼마나 조달이 가능할지를 검토할 수도 있지만 수요에 기반을 둔 방식이기는 마찬가지다.

이 방법이 가장 현실적인 이유는 필요 중심으로 모금액 크기를 정하기 때문이다. 1장의 이야기 103의 고故 김수지 학장님은 정신질환자를 병원이 아닌 곳에서 돌보는 새로운 치료 시범사업의 모금 수요를 겸손하게 2년간 2천 달러로 계산했다. 또한 402 지역아동센터 갑 센터장님도, 401 복지관 관장 수녀님도 단체의 소요(에어컨, 경운기)를 토대로 모금한 것이다.

수요를 기반으로 목표모금액을 정하는 방법은 현실성과 타당성이 있는 데다 투명성을 확보할 수 있다는 장점도 있다. 하지만 이 방법은 몇 가지 문제가 있다.

첫째, 정부지원금이나 이용료 수입의 목표를 단체 입장에서만 정하면 돈을 주는 정부나 서비스 이용자의 상황 및 입장은 덜 반영된다. 이는 사실 돈을 받을 곳이 없는 것일 수도 있다. 최악의 경우에는 있지도 않은 사업 예산을 어디선가 받아내야 하는 상황이 되어 사업을 중간에 접어야 할 수도 있다.

둘째, 수요 기반으로 목표모금액을 산출하기 어려운 모금 아이템에는 적용이 곤란하다. 단체의 미션 달성을 위해 반드시 투자해야 하지만 아직 추진 방향이나 내용이 구체화되지 않은 전략적 사업의 모금을 하는 경우나, 행정비용이나 모금비용을 모금하려는 경우가 그 예이다. 이에 대비하려면 비영리단체는 모금 계획이나 목표금액을 정할 때 일정 수준의 비지정 기부금이나 영역지정 기부금도 요청해서 확보해야 한다.

셋째, 모금 아이템의 세부 항목별 예산에 기초하여 목표모금액을 세우면 지나치게 까다롭게 산출한 최소한의 직접 원가만 반영하여 작성하게 된다. 객관적 기준을 무시하고 과장하여 예산을 세우는 것도 문제이지만, 부대비용이나 기회비용을 적절히 고려하지 않고 시장가격만 고집해도 문제다. 수혜자에게 적절한 서비스를 제공하지 못하거나 단체 직원과 자원봉사자가 힘들어져 단체 운영에 부담이 가중될 수 있기 때문이다. 그러면 일을 하면 할수록 재정압박은 더 심해지는 악순환이 이어진다. 더 나아가 기부자가 느끼는 가치, 혹은 사회에 실제로 기여하는 가치를 전혀 고려하지 못하는 실수를 할 수 있다. 이야기 103에서 고故 김수지 학장님은 국제적으로 30만 달러의 가치를 인정받는 정신질환 치료모델 시범사업의 가치를 소박하게 2천 달러로 생각한 것이 그 예이다. 같은 맥락에서, 수혜자에게 제공하는 3천 원짜리 도시락 하나의 사회적 가치는 3천 원 이상일 수 있다.

넷째, 수요 기반으로 목표모금액을 정하는 것은 모금에 대한 투자와 기부자 후원 개발은 물론 단체가 기부자를 대하는 태도에 문제를 야기할 가능성이 높다. 어떤 비영리단체의 전체 예산에서 기부금이 차지하는 비중이 낮다면 단체 내에서 모금이 지니는 위상이 낮고, 여러 행정 기능이나 부서 중에서도 중요도가 낮을 가능성이 높다. 그러면 모금부서의 예산과 인력이 늘 부족하여 모금에 대한 합리적 투자나 잠재기부자 후원 개발, 예우 등에는 소홀할 수밖에 없다.

마지막으로, 얼마를 모금할 수 있는지 모르는 상황에서 단체와 사업의 재정 소요에 따라 일방적으로 목표모금액을 정한다면 모금 책임자는 불확실성에 노출되어 불안과 두려움에 빠지게 된다. 특히 최근 몇 년간 들어오던 기부금에 비해 아주 많은 목표금액이 제시된다면 더욱 그러하다. 결국 모금 성과는 그리 좋지 않을 것이다.

가능성에 기반을 둔 합리적 모금 목표

단체가 사업이나 운영에 필요한 수요를 기반으로 목표모금액을 정하
는 것보다 잠재기부자의 상황을 반영한 예상모금액을 추정해 보면 좀
더 합리적으로 목표모금액을 설정할 수 있다.

단체 전체의 재정이나 모금 아이템에서 출발하는 수요 기반법과 다
르게 목표모금액을 정하는 방법이 있다. (잠재)기부자의 상황이나 모
금방법의 효과 등을 기초로 모금 목표를 정하는 모금 가능성 기반법이
그것이다. 여기서는 웨인스타인Stanley Weinstein이 제시한 다섯 가지 방
법을 살펴보겠다. *

우선 가장 간단하게 기부자 기반으로 가능성을 판단할 수 있는 방법
으로는 기존 기부 추이를 분석하고 새로운 기부를 예측하여 달성 가능

표 5-1 손실-신규유입 추정법에 의한 예상모금액 산출 예시

항목	금액 (원)
a. 지난해 총모금액	123,456,000
b. 지난해 모금액 중 예상손실액 (최근 3년 평균 손실액)	7,540,000
c. 지난해 모금액 중 올해 지속될 예상기부액(a - b)	115,916,000
d. 지속 기부 중 올해 예상증가액 (최근 3년 평균 증가율 10% 반영)	11,591,600
e. 지속 예상기부액 소계 (c + d)	127,507,600
f. 올해 새로운 예상기부액 (최근 3년 평균 신규유입 금액)	8,200,000
g. 총예상모금액 (e + f)	135,707,600

---

* Stanley Weinstein(2002), *The Complete Guide to Fundraising Management*, 2nd
  ed., Wiley.

한 모금액을 추정하는 '손실-신규유입 추정법'● 이 있다.

표 5-1의 예에서 지난해 총모금액(a)에서 올해에는 지속되기 어려울 것 같은 예상손실액(b)을 빼면 지난해 기부금 중 올해도 지속될 기부금 규모(c)가 파악된다. 여기서 계속 기부할 기부자가 올해 증액해 줄 금액(d)도 있는데, 이를 (c)와 합하면 지난해 기반으로 올해 지속 및 증액될 기부금의 규모가 파악된다. 여기에 신규로 들어올 것으로 예상되는 기부금(f)을 더하면 올해 총예상모금액(g)을 산출할 수 있다.

손실-신규유입 추정법은 모금에 관한 세부 정보가 부족해도 이전의 추세나 간단한 통계치를 이용하여 쉽게 사용할 수 있는 방법이다. 각 항목별로 더 세부적인 수치를 알아낼 수 있다면 어쩌면 가장 좋은 방법이기도 하다. 손실액을 기부자 유형별 혹은 요청방법별로 추정할 수 있고, 증액 예상분이나 신규유입 예상금액도 같은 식으로 세분화하여 파악할 수 있다면, 자료 정리에 시간이 들더라도 더욱 정확한 예측치를 산출할 수 있다. '지난해에 얼마를 모금했으니 올해는 물가인상률 ○%를 감안하여 그만큼 더 모금하자'는 주먹구구식 산정 방법보다는 훨씬 체계적이고 안정적이다. 하지만 정보량이 부족하면 여전히 추정치나 기대치 정도의 목표에 머물 수 있다.

둘째, 거액기부 비중을 토대로 예상모금액을 추정하는 '거액기부 기반 산정법'이 있다. 단체에 거액기부를 꾸준히 하는 특정 그룹이 존재하는 경우에 적용할 수 있는 방법으로, 거액기부가 전체 기부액 중 차지하는 비중을 기초로 총모금액을 예측하는 것이다.

특히 그 특정 그룹이 이사회라면 가장 쉽게 적용해 볼 수 있다. 이사

● 웨인스타인이 붙인 명칭은 아니고, 독자의 이해를 돕기 위해 저자가 붙인 명칭이다.

회 구성원들이 매년 일정한 거액기부금을 꾸준히 기부하고 있고, 이것이 단체 전체의 거액기부에서 차지하는 비율도 대체로 일정하다면, 그 액수와 비율을 통해 총거액기부금을 추정할 수 있다. 또 단체의 총기부금 중 거액기부가 차지하는 비율 역시 알고 있다면 나머지 소액기부금도 추정할 수 있다. 이렇게 추정한 거액기부금과 소액기부금을 더하여 총예상모금액을 구한다. 표 5-2는 그 산출 예시이다.

이 방법은 이사회 구성원들의 거액기부금 액수, 이것이 거액기부 중에서 차지하는 비중, 그리고 전체 기부금 중 거액기부금이 차지하는 비중만 알면 예상모금액을 쉽게 추정할 수 있다. 한편 이것이 약점이기도 하다. 이사들이 비슷한 액수의 이사회비만 내고 있거나, 거액기부를 하고 있어도 연도별 편차가 심하거나, 기부는 하지 않고 거마비만 받아간다면 이 방법을 적용하기 어렵다.

셋째, 정교한 통계수치를 활용하는 '요청방법별 획득 평가법'이 있다. 단체가 모금을 위해 취하는 모든 요청활동이나 기부금 유입 채널(요청방법)별로 성과치를 계산하고, 그 성과치를 기초로 새로운 해의 총예상모금액을 추정하는 방법이다.

표 5-2 거액기부 기반 산정법에 의한 예상모금액 산출 예시

항목	금액 (원)·비율
① 이사회가 기여하는 거액기부금	20,000,000
② 거액기부 중 이사회가 기여하는 비율(3년 평균)	20%
③ 총거액기부금 = ① / ② (실제로 ①의 5배)	100,000,000
④ 총 모금액 중 거액기부자가 차지하는 비율 (3년 평균)	80%
⑤ 총소액기부금 = ③ * ④ / (1 - ④) (실제로 거액기부금의 25%)	25,000,000
⑥ 총예상모금액 (③ + ⑤)	125,000,000

표 5-3 요청방법별 획득 평가법에 의한 예상모금액 산출 예시

(단위: 명, 원)

요청방법	지난해					올해	
	대상자 수 (j)	획득 수 (k)	획득률 (l=k/j)	평균 기부액 (m=n/k)	모금액 (n)	대상자 수 (o)	예상금액 (p=o×l×m)
편지모금	100,000	1,300	1.30%	9,000	11,700,000	120,000	14,040,000
전화모금	3,000	98	3.27%	95,000	9,310,000	3,300	10,241,000
이벤트	2,000	78	3.90%	25,000	1,950,000	2,000	1,950,000
일대일 면담	25	6	24.00%	480,000	2,880,000	30	3,456,000
이메일	12,500	15	0.12%	5,600	84,000	13,000	87,360
계	-	-	-	-	25,924,000	-	29,774,360

표 5-3은 단체가 사용하는 요청방법을 모두 나열한 후 각 요청방법별로 지난 1년간의 성과를 정리하고, 이를 기반으로 올해의 성과를 예측한 예시를 보여 준다. 단체가 사용하는 모금방법이나 채널별로 적용한 대상자 수(j)와, 이들 중에 기부자로 획득된 사람의 수(k)를 파악하여 획득률(l)을 구한다. 다음으로 각 요청방법별 기부금 합계(n)를 획득 수(k)로 나누어 평균 기부액(m)을 구한다. 그다음 올해의 요청 대상자 수(o)를 파악하고 기존의 획득률(l)과 평균 기부액(m)을 여기에 곱하면 올해 예상금액(p)을 구할 수 있다. 이렇게 구한 각 방법별 예상금액을 모두 합하면 총예상모금액을 산출할 수 있다.

이 방법을 적용하려면 먼저 기부자나 모금방법에 대한 기록을 반드시 아주 정확하고 일관되게 유지해야 한다. 또한 이는 요청방법이 아니라 기부자 유형을 기준으로 삼아 분석하여 활용하는 식으로 응용할 수도 있다. 가능하면 비영리단체는 이런 분석 및 평가 시스템을 갖추고 이를 기반으로 계획을 수립할 수 있어야 한다. 이는 총액상의 목표를 정할 때뿐만 아니라 각 방법별 혹은 잠재기부자 유형별 효과를 측

표 5-4 잠재기부자의 기부확률 판단 기준

구 분	기부확률
단체에서 요청할 때 마다 기부함	80~90%
매년 기부함	60~70%
여러 해 해왔으나 작년에는 거름	40~50%
기부 안 했으나 다른 이슈와 관련 있음	20~30%
거의 알지 못함	10%

정하고 이를 전략과 전술에 반영하는 데에도 매우 유용하기 때문이다.

넷째, 잠재기부자별 요청가치를 평가·종합하는 '개별 평가 합산법' 이다. 이 방법은 각 잠재기부자의 기부능력과 기부확률을 평가하고, 이를 종합하여 모금가능금액을 추정한다. 이런 작업을 모든 잠재기부 자에 대해 수행하는 것은 불가능하므로, 실제로는 특정 숫자의 거액기 부자만을 대상으로 작업을 수행한 다음 이를 기반으로 기대되는 총모 금액을 추정한다.

개별 잠재기부자에 대한 요청가능금액은 잠재기부자가 보유한 자산 과 소득을 기준으로 판별한다. 기부확률은 기부자의 단체에 대한 관심 도, 단체와 기부자 간 관계, 기존 기부 여부, 타 단체 기부 여부 등을 기준으로 훨씬 더 정교하게 추정해 볼 수 있다. 간단하게는 표 5-4의 기준을 적용할 수 있다.

이런 식으로 요청가능금액 및 기부확률 추정 작업을 수행하려면 먼 저 개별 잠재 거액기부자에 대한 정보수집과 분석작업profiling을 실시하 여 기초자료를 충분히 확보해야 한다. 또한 최소 100명의 잠재 거액기 부자 명단을 확보해야 하며, 300명 정도면 안정적으로 산정 작업을 할 수 있다. 모금 캠페인의 유형이나 모금전략에 따라 다르지만, 상위 거액기부자 100명이 전체 기부금액 중에서 차지하는 비중은 적게는 30%에서 많게는 80%에 이른다.

이렇게 산출한 잠재 거액기부자의 요청가능금액 외에 다른 기부자들의 요청가능금액을 추정하여 더하면 예상모금액을 산정할 수 있다. 만약 요청가능금액이 높은 상위 100명을 평가하여 종합했다면, 지난해 총모금액 중 상위 100명이 전체 기부액 중에 차지한 비중을 파악하고 이 비중을 올해의 합산 총액에 적용하여 예상모금액을 산출하면 된다.

예를 들어, 작년에 상위 100명이 전체 기부금에서 차지하는 비중이 20%이고, 올해 산정한 상위 100명의 요청가치 총액이 1억 원이라면 올해의 총예상모금액은 1억 원의 5배인 5억 원이 된다. 이는 거액기부 기반 산정법의 예시에서 이사회를 대상으로 예상모금액을 계산한 것과 유사한 방법이다.

표 5-5 개별 평가 합산법의 예시

잠재기부자	요청가능금액	기부확률[1]	요청가치[2]
가 기업	100,000,000원	80%	80,000,000원
나 기업	30,000,000원	60%	18,000,000원
다 기업	5,000,000원	40%	2,000,000원
갑 씨	5,000,000원	80%	4,000,000원
을 씨	2,500,000원	40%	1,000,000원
병 씨	1,000,000원	20%	200,000원
A 재단	6,000,000원	80%	4,800,000원
B 재단	5,000,000원	60%	3,000,000원
합계	-	-	113,000,000원

주: 1) 요청할 때마다 기부함(80%), 매년 기부함(60%), 여러 해 해왔으나 작년에는 거름(40%),
　　기부 안 했으나 다른 관련 있음(20%), 거의 알지 못함(10%)
　 2) 요청가능금액에 기부확률을 적용한 금액

모금 목표를 1천억 원에서 500억 원으로

502 국립대학병원은 설립 50주년을 맞아 대대적인 모금 캠페인을 하기로 했다. 주변의 땅을 매입하여 암 병원과 심장 병원을 신설하는 50주년 기념사업에 소요되는 비용의 절반인 1천억 원을 향후 3년 내 모금하기로 한 것이다.

502 병원은 국내 최고 병원의 반열에 들어 있다. 명의가 많아 늘 환자가 넘쳤고, 이 중 병원에 큰 금액을 기부한 부유한 환자도 있었다. 그렇게 502 병원에 들어오는 기부금은 연간 100억 원 내외였다. 이 정도의 기부금을 받던 병원이 3년간 1천억 원을 어떻게 모을 수 있을지 대외협력부장은 도대체 가늠하기 어려웠다.

그래서 모금 컨설턴트에게 문의하였다. 컨설턴트는 부장에게 지난 10년간 502 병원에 기부한 사람 중 거액기부자의 명단을 정리하고, 환자 중 유력한 부자로 알려진 사람, 의료진이 아는 부자, 큰 병원을 개원한 동문 등을 총 정리하여 300명의 명단을 만들라고 했다. 명단 작성이 완료되자 컨설턴트는 다시 이 잠재 거액기부자 각각에 대해 기부 관련 정보를 조사하여 정리해 달라고 요구하였다.

그 후 컨설턴트는 잠재기부자 300명 각각에 대해 기부 기대금액과 기부 가능성을 산정하고, 이를 합산하여 3개년의 총 기부 기대금액을 구하였다. 기부 기대금액은 재산과 소득을 참고하여 산정하였다. 기부 가능성은 병원에의 기부 여부와 병원과의 관계, 평소의 자선기부 분야와 규모, 잠재기부자와 병원 인사와의 친밀도 등을 고려하여 산정하였다. 그 결과, 300명으로부터 기대할 수 있는 총거액기부액은 400억 원에 약간 못 미치는 수준으로 추정하였다. 그리고 이 거액기부 기대금액의 약 4분의 1에 해당하는 100억 원의 소액기부를 기대할 수 있다고 하며 총 500억 원의 기부를 기대할 수 있다고 알려주었다.

이 보고를 받은 부장과 팀원들은 약간의 실망과 부담을 드러냈다. 1천억 원을 모아야 하는 데 500억 원 정도만 기대할 수 있다니 추진하기로 한 건축은 어찌할지도 걱정되고, 500억 원은 어디서 더 모아야 할지 부담이 몰려왔다.

하지만 구체적으로 개별 잠재기부자의 기부 가능성을 근거로 한 총기대금액을 그대로 받아들일 수밖에 없었다. 그래서 이를 병원 경영진에 보고하고 모금 캠페인의 규모를 조정할 것을 건의하였다. 그 결과, 예정된 두 가지의 설립 50주년 기념 건축 중 한 가지를 우선 추진하고, 다른 한 가지는 향후 타당성을 더 검토한 후 추진하기로 했다.

502 병원이 설립 50주년 기념 건축과 모금 캠페인을 진행하는 동안 미국발 금융위기가 발생하여 캠페인은 위기를 맞았으나 기간을 1년 연장하여 무사히 마칠 수 있었다. 병원과 부장은 모금 목표가 1천억 원이 아니라 500억 원이었던 것이 천만다행이라고 생각했다.

502 병원이 채택했던 이 방법은 간략히 진행한다 해도 혼자 수행하는 것보다는 여러 명이 의견을 내서 협의하고 합의하는 방법을 취하는 것이 정확도를 높일 수 있다. 특히 거액기부자에 대해서는 이런 평가작업을 정기적으로 수행해야 한다. 굳이 합산 추정치를 작성하거나 목표액을 정하지 않더라도 개별적 정보 파악과 개발 전략을 세우기 위해서라도 이를 위한 모임을 갖는 것이 모금부서에는 필요하다.

필자는 이 방법을 모금 목표액 선정 방법으로 적극 권장한다. 앞의 세 방법은 기부자 유형별로 또는 모금방법별로 자세한 자료를 축적하고 분석할 수 있어야 어느 정도 정확한 예측을 할 수 있다. 하지만 작은 규모의 국내 단체가 이를 뒷받침할 자료 정보를 구비하고 정리하기란 쉽지 않다. 정교한 데이터베이스와 소프트웨어를 구비한 몇몇 단체를 제외하고는 모금 목표액 산정 방법으로 앞의 세 방법을 적용하기 어렵다. 반면 이 개별 평가 합산법은 일정 수 이상의 거액기부자에 대한 정보만 확보할 수 있다면 단체의 여건이나 데이터베이스, 소프트웨어 구비 여부와 무관하게 시행해 볼 수 있다.

502 병원 외에도 많은 단체들이 실제로 지난 수년간 이 방법을 이용하여 비영리단체의 상위 300명의 잠재기부자나 상위 100명을 대상으로 예상모금액을 산정했다. 처음엔 300명이나 100명 명단 만들기에 어려움을 호소하던 단체들도 시간과 노력을 들이면 거의 다 명단을 만들 수 있었고, 평가작업을 진행하여 잠재적 목표금액을 정할 수 있었다. •

평가 결과에 따라 단체의 최고 책임자나 모금 실무책임자들은 희망과 우려, 기대 등 여러 반응을 나타냈다. 그러나 이 방법을 통한 모금 목표 설정이 합리적이었음을 인정했고 모금 목표 수립의 가장 핵심적인 근거로 삼았다.

마지막으로 일종의 기부시장 조사인 '타당성 분석'feasibility study을 통해 예상모금액을 산정하는 방법을 알아보자. 이 방법은 1년 동안 얼마를 모은다는 연간 모금 목표를 설정하기보다 건물이나 대규모 기금 조성 등 큰 자본의 형성을 위해 다년간 집중 거액모금 캠페인capital campaign을 추진할 때 그 캠페인의 타당성을 조사하고 도전적이면서도 합리적인 목표모금액을 설정하기 위해 취하는 일종의 체계화된 시장 조사이다.

이 분석은 해당 캠페인을 위해 선도적으로 거액기부를 할 수 있는 대상자를 선정하여 기부 의도나 가능성을 면담을 통해 확인한다. 잠재기부자군을 기부액에 따라 거액부터 10등분하고 상위 세 등급에 해당하는 잠재기부자를 선정하여 의견을 수렴한다. 최소 20여 명을 대상

• 본문에서 제시한 기부확률 판단 기준은 적용하기 쉽도록 가장 간단하게 만든 것이다. 기부확률을 더욱 정교하게 판단하기 위해서는 잠재기부자와 단체의 관계, 단체 및 사업 영역 선호도, 이전 기부 경험 등을 종합적으로 고려하여 적용할 필요가 있다.

표 5-6 예상모금액 산출 방법 정리

구분	개념
손실-신규유입 추정법	기존 기부 추이를 이용하여 예상모금액을 산출하는 방법
거액기부 기반 산정법	모금액 중 거액기부 비중과 예상거액기부액을 통해 예상모금액을 산출하는 방법
요청방법별 획득 평가법	전년도의 요청방법별 획득률과 평균 기부액을 통해 예상모금액을 산출하는 방법
개별 평가 합산법	개별 잠재기부자의 기부 가능성을 분석하여 예상모금액을 산출하는 방법
타당성 분석법	기부시장 조사를 통하여 예상모금액을 산출하는 방법

으로 면담을 실시하며, 많으면 많을수록 타당성을 높일 수 있다. 만약 20명을 면담하여 이들로부터 받을 수 있을 것으로 기대되는 기부금이 사전에 임의로 정한 총모금액의 40~50%를 넘는다면 사전에 산정한 예상모금액이 타당성을 갖는다고 본다.•

타당성 분석법은 미국의 대학이나 의료원에서 수년에 걸쳐 단체의 도약을 위한 대규모 모금 캠페인을 기획할 때에 거의 모든 곳에서 거치는 작업이다. 국내의 몇몇 대학과 의료원에서도 건축기금 조성 캠페인 등에서 활용한 바 있다. 이 작업은 최소 3개월에서 수년이 걸리는데, 객관성을 유지하기 위해 일반적으로 내부 임직원보다 외부 전문가를 활용한다.

• 20명 대상으로만 타당성 분석을 위한 면담을 하는 것은 아니다. 20명은 최소 인원이고, 많게는 수백 명을 대상으로 한다. 이들을 연령대나 직업군, 학과별로 구분하여 분석을 세분화하거나, 그 분석을 위한 면담 자체를 기부자 개발을 위한 첫 미팅으로 활용하기도 한다. 따라서 그 수가 많으면 많을수록 곧바로 모금활동의 활성화로 이어진다.

3장에서 살펴보았던 301 단체도 처음부터 모금 목표를 기부자 중심으로 합리적으로 책정한 것은 아니었다. 이야기에서 보았듯이 발전 계획은 재원이 더 소요되니 모금을 더 하라는 권고 정도였고, 단체의 리더십 그룹은 모금 목표를 얼마로 할지 방향을 잡지 못했었다. 301 단체는 전문가에게 도움을 요청했고, 석 달이 지난 후 도움을 주기로 한 모금 총괄자는 3년간 30억 원이면 도전적이고 추진할 만한 목표액이라 이야기하며 거액모금과 소액후원자 모집을 순차적으로 진행하라고 권장하였다. 30억 원이라는 목표는 총괄자가 단체의 유력 잠재기부자 20여 명을 일대일로 면담한 후에 이들과 추가적으로 몇 사람의 유력자들이 기부할 수 있으리라고 추정한 액수를 기초로 설정한 것이었다.

301 단체는 2년간 모금 캠페인을 추진한 후 목표액을 50억 원으로 상향 조정했다. 초기 거액모금에서 기대했던 것보다 많은 기부금이 약정되었기 때문이다. 소액후원자 모집은 지역별로 졸업생 명단을 정리하여 전화로 후원을 요청했다. 301 단체를 자문했던 전문가는 통상적 기부율보다 높은 20% 정도의 약정률을 기대할 수 있을 것이라고 했다.

이야기 503 "그냥 1조 원으로 합시다!"

역사와 전통을 자랑하는 서울의 유명 사립 503 대학은 신임 총장의 취임과 함께 대대적인 모금 캠페인을 펼치기로 했다. 이를 위해 모금 컨설턴트를 고용하고 모금 계획을 세웠다. 모금 컨설턴트는 여러 가지 분석과 벤치마킹, 학교 리더십 그룹과 유력 기부자와의 면담 등을 진행한 후 모금 계획서 초안을 처장에게 전달하였다.

총장에게 제출할 최종 보고서를 확정하기 위해 처장과 컨설턴트는 조율 미팅 자리를 가졌다. 조율할 사안은 세 가지였다. 첫째, 모금명분과 아이템이 적정한지, 둘째, 모금 캠페인의 기간은 몇 년으로 할지, 셋째, 모금 캠페인의 목표액은 얼마로 할지였다. 논의 결과, 모금명분과 아이템을 확정하였고, 캠페인 기간은 7년으로 정했다.

하지만 모금 목표액에 대해서는 의견을 모으지 못했다. 컨설턴트는 기존의 모금 현황과 잠재기부자 상황 등을 고려할 때 5천억 원은 어렵지 않게 달성 가능하고 7천억 원은 도전적 목표가 될 것이라고 했다. 연간 기준으로 700억 원에서 1천억 원을 목표로 하자는 것이었다. 오래전 특별한 계기가 있어 1천억 원을 모금한 해도 있었지만, 사실 당시 503 대학의 연평균 모금액은 300억 원 내외였으니 이 목표도 쉽지는 않은 것이었다.

하지만 처장의 의견은 달랐다. 모금 목표는 기왕이면 더 크게 설정하는 것이 좋고, 설령 달성하지 못하더라도 문제 될 것은 없다는 입장이었다. 그리고 7년이란 시간이 흐르면 지금보다 몇 배의 모금을 할 수 있을 테니, 5천억 원이나 7천억 원은 적다고 했다. 그렇게 처장이 제시한 모금 목표액이 1조 원이었다. 토론과 협의를 거쳐 결국 처장의 의견대로 1조 원으로 결정되었다.

얼마 후 대대적인 모금행사를 열고 503 대학은 모금 캠페인의 기간과 목표를 공개했다. 7년간 1조 원을 모아 보겠다는 것이었다. 그 후 7년이 지나고 대학은 1조 원을 모금하지 못했다. 2년 후 담당 처장이 바뀌었고, 4년 후 총장이 바뀌면서 그 모금 캠페인은 흐지부지되었다. 1조 원이라는 대담하지만 비현실적인 모금 목표액은 그저 당시에 캠페인 시행에 참여했던 몇몇 사람들의 기억에만 남아 있고, 503 대학의 연평균 모금액은 1천억 원을 아직도 넘지 못하고 있다.

놀라운 통계 중 하나는 미국 대학들이 집중 거액모금 캠페인을 시행하면 대부분 모금 목표액을 상회하여 달성한다는 것이다. 100% 달성은 기본이다. 어떻게 이런 일이 가능할까? 그들에게 모금을 성공시키는 특별한 유전자가 있는 것도 아닌데 말이다.

그것은 미국 대학에서는 모금 캠페인을 시작하기 전에 많은 노력을 기울여 전술한 타당성 분석이나 기부자 분석을 수행하고 이를 기초로 내부적인 모금 목표액을 잠정적으로 정하기 때문이다. 그리고 캠페인이 추진되어 상당 금액(예를 들면 목표액의 60%)이 일정 기간 내에 확보된 후 모금 목표액을 발표한다. 충실한 조사는 물론이고 성과를 절반 이상 달성한 후 목표를 확정하는 것이다. 이런 과정을 거치면 모금 실패의 가능성은 급격히 낮아진다.

반면 503 대학은 모금 목표액을 섣불리 단순한 희망치로 설정하고, 외부에 바로 공개하는 미숙한 모습을 보였다. 컨설턴트가 타당성 분석을 수행한 결과를 바탕으로 목표를 설정할 수 있었으나, 담당 부서장의 판단만을 근거로 목표를 정했다. 또 모금 캠페인을 시작하는 시점에 이것을 바로 외부에 대대적으로 공개했다. 흥미로운 사실은 503 대학은 모금의 규모로 보면 당시나 지금이나 국내 대학 중에서 최상위권에 들어간다는 것이다.

주목할 점은 단순히 성공이나 실패냐가 아니라 목표 대비 달성률이다. 제대로 잘 설정된 목표 대비 얼마가 달성되었느냐가 핵심이란 것이다. 그리고 그 목표는 단체의 단순한 희망치나 기대치가 아니라 기부자를 중심에 두고 철저히 분석, 확인, 대화하는 과정을 거쳐 정해야 한다.

비금전적 모금 목표

모금의 목표가 모금 목표액만 있는 것은 아니다. 그 외에도 기부자 수나 기부자 구성, 약정과 입금의 안정성, 신규 기부자 확보와 기부 유지율 제고, 기부자 접촉 활성화와 관계 유지, 지정기부와 비지정기부의 균형, 모금방법의 심화와 새로운 시도 등도 모금 목표가 될 수 있다.

이 중에서 일정 수 이상의 기부자 확보는 중요한 목표라고 할 수 있다. 모금은 단순히 기부금을 확보하기 위한 것을 넘어 단체의 미션과 비전, 사회적 영향력 등에 동의하는 파트너를 구하는 활동이므로, 모금 과정에서 많은 이들에게 단체를 알릴 수 있다. 그러므로 1년에 몇 명 이상의 새로운 시민에게 단체를 알리고 동료가 되어 줄 것을 권하겠다는 목표는 매우 중요하다.

나아가 수백 명보다 수천 명의 기부자가 단체와 사업에 안정성을 더 높여 준다. 기부자 수가 많은 것은 재정 위기에 대비할 토대가 된다. 따라서 1년에 기부자 수를 몇백 명, 몇천 명 또는 몇만 명 더 늘리겠다는 목표를 가져야 한다. 이에 따라 기부금 규모와 모금 예산이 늘어나는 것은 당연하지만 이 역시도 단체가 접촉 가능한 잠재기부자 수에 기초해야 한다.

주의할 점은 신규 기부자 확보에만 관심을 두어서는 안 된다는 것이다. 사회적 영향력을 확대해가려는 단체 입장에서 신규 기부자는 아주 중요하다. 신규 기부자 확보는 숫자 그 자체로 단체나 리더십 그룹을 기쁘게 한다. 하지만 신규 기부자를 늘리는 데에는 비용과 노력이 많이 들어간다. 신규 기부자 확보에만 신경을 쓰고 유지나 개발은 등한시한다면 이는 겉으로 화려하나 실속은 잃는 우를 범하는 것이다.

그러므로 새로운 기부자를 늘리는 것과 현재 기부자들이 더 행복하게 더 오랫동안 더 많이 기부하도록 하는 것을 함께 모금 목표로 삼아야 한다. 예를 들면 신규 기부자 수 목표와 함께 기부자의 기부 유지율을 85% 이상으로 유지하기, 기존 기부자의 월정기부 기간을 평균

표 5-7 비금전적 모금 목표 정리

구 분	내 용
양적 목표	• (신규) 기부자 수와 기부 유지율
질적 목표	• 모금전략 : 성장, 참여, 인지도, 효율, 안정 • 유입 균형 : 지정기부 대 비지정기부, 자본금 대 운영비 • 모금활동의 혁신 • 모금활동의 임팩트

19개월에서 24개월로 늘리기, 기존 기부자 중 연간 기부액을 늘리는 비율을 높이거나 유지하기 등도 중요한 모금 목표가 될 수 있다.

이런 이유에서 미국의 비영리단체에서는 모금활동에서 기부자의 획득과 개발을 구분한다. 획득acquisition은 그야말로 신규 기부자를 얻는 것으로 미래의 개발을 위한 투자investment 활동이다. 개발development은 획득된 기부자의 기부 지속성이나 충성도를 높이는 활동이다. 재정의 투입은 획득이나 개발 모두에 투입되지만, 획득에 대해서는 재정 기여를 크게 기대하지 않고 이를 개발에서 도모하는 것이다.

지금까지 모금 목표의 양적 측면을 살펴보았다. 이제 모금의 질적 목표를 알아보겠다. 첫째, 단체의 모금전략에 관한 목표이다. 맬 워윅 Mal Warwick은 단체가 취할 수 있는 모금전략을 다섯 가지 유형으로 구분하였다. • 성장growth, 참여involvement, 인지도visibility, 효율efficiency, 안정stability 등이다. 이 다섯 가지 목표가 단체 입장에서는 모금전략에 관한 중장기 목표가 된다.

• Mal Warwick (1999), *The Five Strategies for Fundraising Success: A Mission-Based Guide to Achieving Your Goals*, Jossey-Bass.

둘째, 기부금 유입경로 간 균형 유지에 관한 목표이다. 구체적으로 지정기부와 비지정기부 간 균형, 자본금capital 또는 기금fund 조성과 운영비operation 및 프로젝트성 지출 간 균형이 하나의 목표가 된다. 미국 대학들에 일반화된 집중 거액모금 캠페인에서 자본금과 운영비 간 평균 비율은 약 60 대 40이다. [*] 단체의 여건과 특성에 따라 다르겠지만 이 비율을 잘 정해서 유지해야 한다. 지정기부와 비지정기부 간의 비율 균형도 중요하다. 지정기부가 많으면 전체 재정 규모는 커질지 몰라도 단체 운영에는 압박이 올 수 있다. 비지정기부가 많으면 전략적 유연성은 높아지나 집행의 투명성 문제가 발생할 수 있다.

셋째, 모금활동의 혁신도 중요한 목표가 된다. 새로운 모금방법 도입이 이에 해당된다. 모금방법, 특히 모금행사 방법은 그 가짓수가 매우 많다. 정보기술 발전에 따라 온라인상의 모금기법은 급속도로 변화하고 있다. 시민이 접하는 모금 채널들의 선호도 또한 계속 달라지고 있다. 그러므로 시대와 기술, 사회의 변화에 따라 단체의 모금 메시지와 방법이 계속 달라지는 것은 당연하다. 모금기법만 주목하면 변화가 빠른 것처럼 보이지만 사실 모금방법까지 혁신하는 본질적인 변화는 눈에 띄지 않는다. 모금방법은 비교적 성숙기에 이른 업무 기술로서 그 대부분이 이미 세상에 다 공개되어 있다. 모금 분야에서 신기술이나 신기법이 개발되는 경우는 거의 없고, 대부분 다른 분야 기술이나 기법을 모금 분야에 도입하여 응용한다. 그러므로 실무에서는 새로운 모금방법의 시도, 새로운 모금 대상의 확보, 기부자 예우 강화, 모금인력이나 부서의 역량 강화 등을 모금활동의 목표로 삼을 수 있다.

• T. Kaplan(2014), *Colleges and Universities Raise $33. 80 Billion in 2013*, CAE.

마지막으로, 궁극적으로는 모금을 통해 사회 전반의 자선과 나눔의 문화를 향상시키고, 우리 단체에 대한 사회적 지지와 신뢰를 강화하며, 단체 재정의 독립성이나 안정성 확장에 기여하고, 기부자들의 삶이나 재정 사용 패턴을 변화시키는 것도 모금의 목표가 될 수 있다.

기대하지 않은 선물처럼 기부금이 들어오기도 한다. 그러나 행운만 기다리면서 이를 모금 목표라고 하는 식으로 단체와 사업을 안정적으로 운영할 수 없다. 모금은 그렇게 이루어지지 않는다. 누구나 알겠지만, 운에 모든 것을 맡기는 것은 정말 위험한 행동이다.

목표가 그대로 구현되든 아니든 우선 모금 목표를 수립하는 일은 중요하다. 목표 지점 없이 그저 열심히 그것도 오로지 부담감만 가지고 뛰는 것은 바람직하지 않다. 또한 단순한 희망치만을 근거로 목표를 정하는 것, 경쟁 단체보다 더 많이 하겠다는 목표를 세우는 것, 지나치게 무리하거나 사업 예산 중심으로 모금 목표액을 설정하는 것 등은 지양해야 한다. 이는 합리적 모금활동이 아니라 걱정과 염려만 앞세우며 조급하게 무리수만 남발하는 행동이다.

도전적 모금 목표를 합리적으로 세우는 것에서부터 진정한 모금을 시작할 수 있음을 명심해야 한다.

더 깊은 생각을 위해 05

정성적 모금 목표, 과연 현실성이 있을까?

이 장에서 살펴본 대로 모금 목표는 숫자로 드러나는 양적 목표(기부자 수, 기부금액 등)와 질적 목표가 있다. 하지만 현실적으로 양적 목표에 치중하다 보면 질적목표에는 관심이 멀어지는 경우가 많다.

　아래에 열거한 모금 목표들은 미국의 모 공과대학의 사례이다. 몇 가지 양적목표를 제외하고는 대부분 질적 목표를 담고 있다. 우리나라 비영리단체에서도이와 같은 질적인 모금 목표를 설정하고, 그 달성 여부를 평가한 후 개선하고 보완하기를 기대해 본다. 과연 우리 단체라면 어떤 질적 모금 목표를 설정해 볼 수있을지 생각해 보자.

1. 연례 모금에서 모금액과 기부자 수를 10% 증가시킨다.
2. 사려 깊고 일관된 연례 모금 프로그램 일정을 만들고 준수한다.
3. 연례 기부금의 보고 시스템을 개선하고 향상시키며, 연례 모금 프로그램 효율성을 평가하고 향상시켜 연례 모금의 책무성을 증대한다.
4. 연례 모금의 커뮤니케이션과 교육을 개선하는 내·외부 협업을 강화한다.
5. 전화모금 및 편지모금 기술과 전략을 극대화한다.
6. 전문 교직원으로 발탁하기 위한 학생 멘토링 기회를 유지하면서 학생 활동가의 감독 구조를 개선하고 향상시킨다.
7. 데이터 무결성을 증진시키기 위한 시스템과 절차를 옹호하고 유지한다.
8. 참여와 교육 및 수익 증대를 장려하는 외부 구성원 그룹 프로그램(학부모, 직원 및 교직원, 고학년, 매칭 선물 등)을 옹호하고 강화한다.
9. 시기적절하고 의미 있는 후속 조치를 통해 연례 기부자에게 감사하고 그들을 인정한다.

10. 연례 모금담당 직원의 개발 기회를 장려하고 촉진한다.

양적인 모금 목표가 중요하기는 하다. 하지만 이 목표에만 주목할 경우 모금은 불가피한 업무활동이나 비용절감의 대상으로 인식되기 쉽다. 더 중요한 것은 질적 향상이 없는 양적 성장은 얼마 지나지 않아 단체의 모금 체질 약화로 귀결될 수 있다는 것이다.

단 몇 가지라도 모금의 질적 목표를 매년 설정하고, 이것의 달성과 개선을 체크해 보는 것이 향후 단체의 지속가능성과 모금 향상의 토대가 될 것이다.

제 6 장

잠재기부자를 먼저 찾아낸다

명부 확보와 프로파일링은 모금의 시작

지방의 601 국립대학은 정부지원금이 줄어드는 상황을 맞아 그 대안으로 대대적인 모금을 추진하기로 결정했다. 이에 따라 준비 단계에서 대학발전재단을 별도로 만들었고, 해외 대학을 탐방하였으며, 외부 컨설턴트에 의뢰하여 모금 계획을 세웠다.

본격적인 모금에 들어가면서 601 대학발전재단이 가장 먼저 한 일은 직원과 아르바이트 대학원생을 10여 명 보강한 것이었다. 이들은 '50대 이상 동문 중 기업을 운영하는 사람들'의 명단을 만들고 그들에 관한 정보를 수집, 정리하는 일에 투입되었다. 이들은 우선 기존 기부자와 역대 동문회 임원들, 동문 경제인 모임 참석자 명단을 확인하였다. 각 단과대학에도 위 조건에 해당하는 동문들을 알고 있는지 문의하여 명단에 추가하였다. 이렇게 작성한 1차 명단에는 200여 명의 대상자가 올랐다.

다음으로 이 대상자들에 관한 정보를 수집하였다. 기본 정보는 동문회의 협조를 얻거나 학교 기부자 데이터베이스를 검색하여 확보하였다. 이를 토대로 아르바이트 대학원생들이 15가지 항목에 대한 정보를 인터넷 검색으로 찾아 정리하면 재단 직원은 이 정보를 확인, 점검하여 유형별로 분류했다.

시간이 지나면서 대상자 수는 점점 늘어났다. 단과대학에서 추가 명단을 보냈고, 동문회에 참석하지 않는 숨겨진 인물들이 드러나기도 했다. '50대 이상 동문 중 기업을 운영하는 사람들'이라는 조건을 넘어 젊은 동문이나, 동문이 아닌 지역사회의 유력 인사와 기업가도 이 명단에 추가하였다. 그 결과, 대상자는 3년 만에 400명 이상으로 늘어났다.

601 대학은 이렇게 정리한 잠재기부자 정보를 바탕으로 모금을 추진했고, 그전에 비해 3~4배 더 많은 기부금을 모집하고 있다.

비영리단체나 모금담당 직원이 모금활동에 나서고자 할 때 우선 해결해야 할 사안이 '누구에게 요청할 것인가?'이다. 이 질문에 답하지 못하면 결국 잠재기부자 명부가 필요 없는 거리 모금이나 인터넷 모금 활동에 집중하게 된다. 다시 말해, 거리 모금이나 인터넷 모금은 단체가 잠재기부자 명부를 준비할 수 없는 여건을 고려하여 선택하는 모금 방법이라고 할 수 있다.

더 나아가 잠재기부자 명부가 준비되지 않으면 모금의 주 활동은 상당히 위축된다. 잠재기부자를 분류하여 범주별로 요청방법이나 시기, 메시지 등을 정할 필요도 없고, 관계 개발에 신경을 쓰지 않아도 된다. 모금의 주 활동이 줄어드니 모금부서의 업무는 기부 이후 행정 처리 등 관리에 집중되고, 기부자나 기부금의 유입 예측도 어려워질 뿐만 아니라 모금활동의 성과도 기대에 못 미칠 가능성이 높다.

잠재기부자 찾기부터 시작한다

601 대학처럼 대학들은 확실한 잠재기부자로 동문 그룹이 있다. 문제는 일반적 비영리단체이다. 위와 같은 잠재기부자를 어디서 찾을 수 있는가.

우리는 개인정보가 아주 엄격히 보호되는 법적 환경에서 일하고 있어 잠재기부자 정보를 확보하기가 다른 나라보다 어렵다. 미국에서는 기부자 명단을 단체 간에 교환하는 방법swapping도 가능하다. 하지만 우리나라에서는 개인에게 이메일을 하나 보내려 해도 동의를 얻어야 하고, 업무상 관련 없는 한 개인정보를 수집, 보관할 수 없다. 동문이라는 확실한 대상이 있는 학교도 이들의 명단을 모금에 마음대로 활용할 수 없는 경우가 허다하다. ●

따라서 유력한 잠재기부자의 명단을 확보하고 이들을 대상으로 모금활동을 펼치는 방법을 찾기란 쉽지 않다. 그렇다고 가만히 앉아 기부자가 들어오기만 기다리거나, 불특정 다수를 대상으로 한 TV 모금광고 등의 방법에만 의존하는 것도 한계가 있다.

이러한 상황에서 비영리단체가 잠재기부자의 이름이나 연락처를 확보하는 방법은 크게 네 가지다. 첫째, 단체가 보유한 자료에서 찾는다. 둘째, 단체의 주요 인적 네트워크를 활용한다. 셋째, 다른 단체의 기부자 정보 등 공개된 자료를 활용한다. 마지막으로, 대중에게 널리 알려진 정보를 활용한다.

● 명단 정리가 안 되어 주소나 연락처를 파악할 수 없는 경우도 많지만, 여기서는 동문 명단을 확보하는 것이 제도적으로 어려운 경우를 가리킨다.

안에서부터 찾는다

잠재기부자를 찾을 때 가장 우선시하는 방법은 단체가 보유하고 있는 각종 명단을 정리하는 것이다. 가장 유력한 잠재기부자는 이미 기부하고 있는 기존의 기업이나 개인이다. 현재의 기부자들은 기부금액을 올려 주거나, 다른 유형의 기부금품(현물, 부동산 등)을 제공하거나, 신규 모금 아이템에 기부할 가능성이 있다. 지금까지 수년 동안 기부를 계속해온 소액의 정기기부자가 거액기부자로 전환할 수도 있다. 이때 이 소액기부자는 잠재 거액기부자가 된다.

이전에 기부한 적이 있으나 최근에 중단한 예전 기부자lapsed donor도 유력한 잠재기부자다. 비영리단체 중에는 기부자가 기부를 중단하면 명부에서 삭제하고 모든 소통과 관계를 정리하는 곳이 많다. 애석하게도 이것은 잠재기부자를 삭제하는 것이나 마찬가지로 좋지 못한 관행이다. 예전 기부자는 단체의 사업을 잘 알고 언어에도 익숙하여 소통하기 유리하며, 혹시 기부를 중단하게 된 상황이 해소되면 다시 기부할 가능성이 아주 높다.

단체가 수행하는 사업이나 프로그램에 참여한 적이 있는 사람들 또한 잠재기부자다. 교육기관에서 현재 수강 중이거나 수료한 사람들이 이에 해당한다. 의료기관의 환자와 그 가족, 각종 강연과 전시, 공연의 참석자와 공연자, 전시자도 포함된다. 따라서 평소 이들의 명단을 잘 정리해 두었다가 향후 기부자 개발에 적극 활용해야 한다. 우리 단체와 여러 가지 업무상 거래를 하는 공급자나 수요자, 협약 기업 등도 역시 잠재기부자가 된다.

인터넷과 뉴미디어를 통해 자료와 정보를 주고받는 데 장애가 없는 정보화 시대에는 우리와 지식을 주고받는 사람들도 유력한 잠재기부자가 된다. 홈페이지에서 자료를 열람하거나 다운로드하는 사람, 자료나 정보를 게시하는 사람, 소식지를 받아 보는 사람, 온라인상의 각종 활동에 참여하는 사람들도 정기적으로 정리하여 모금 캠페인을 벌일 수 있다. 이들은 기부하는 돈이 적을지 모르지만 우리 단체와 단체가 종사하는 영역에 관심과 신뢰가 높은 사람들이다.

잠재기부자를 단체 내에서 찾을 때 일반적으로 제일 먼저 떠오르는 대상은 단체의 임직원일 것이다. 병원이나 대학 등 고소득 전문직군을 보유한 단체라면 내부 임직원은 기부자의 중요한 한 축이 된다. 하지만 임직원의 급여가 최저생계비를 간신히 넘을 정도로 낮은데 일종의 헌신으로서 기부금 약정을 요청하는 것은 신중해야 한다. 또한 모금 캠페인의 기부금 전부 혹은 대부분을 단체 내부 사람들이 채우는 상황이 되면 임직원의 기부 피로감이 증가하고 이것이 직장이나 업무 만족도 하락으로 이어질 수 있으니 주의해야 한다. 무엇보다 기부자가 내부 임직원이라고 해서 기부자에 대한 피드백이나 예우를 소홀히 해서는 안 되며, 다른 기부자와 동일한 예우를 갖추는 것을 잊지 말아야 한다.

미국 대학에서는 동문은 물론 졸업을 앞둔 4학년생이나 대학원생에게도 기부를 요청한다. 학생도 학교 내부의 잠재기부자로 보는 것이다. 이는 당장의 액수보다 교육적 의미가 중요하며, 장기적으로 좋은 기부자가 육성되고 개발되리라는 기대를 가지고 하는 투자의 성격이 강하다.

잠재기부자를 찾는 두 번째 방법은 단체의 주요 인적 네트워크를 활용하는 것이다. 단체의 주요 이해관계자에게 유력한 인사나 그룹을 소개해 달라고 요청하면 그들은 부담을 느낄 수 있다. 하지만 그들이 단체의 리더이고 사회적 영향력이나 네트워크를 갖춘 인사라면 신중하게 이 역할을 요청해 볼 수 있다. 이사회 구성원, 지역 내 전문가 그룹의 핵심 인물, 주요 기관장이나 대규모 기업체 대표, 단체의 위원회나 소모임 리더 및 참여자 등이 이에 해당한다.

단체의 전현직 임직원이나 수혜자에게도 이 역할을 기대할 수 있다. 하지만 그 준비와 실행에 많은 노력이 필요하고, 기부와 모금에 친숙한 조직문화를 갖춘 단체여야 가능하므로 신중해야 한다.

단체와 관련 있는 주요 인사가 다녀온 강연의 청중이나 방문기관의 임직원도 좋은 잠재기부자가 된다. 미리 양해를 구하고 현장에서 후원을 요청하여 현장에서 약정서를 받거나, 별도로 명부를 전달받아 추후 작업을 진행하는 방법으로 잠재기부자를 확보할 수 있다.

밖으로 눈을 돌린다

잠재기부자를 찾는 세 번째 방법은 다른 단체가 발간한 공개 자료를 살펴보는 것이다. 다른 단체의 자료를 활용할 때 주의할 점은 반드시 그 단체가 공개한 것만 활용해야 한다는 것이다. 유사한 사업에 종사하거나 지리적 범위가 겹치는 단체에서 연례 보고서, 정기 뉴스레터, 웹사이트 등을 통해 기부자 명부나 자원봉사자 리스트를 공개한다면 이를 참조할 수 있다. 이 방법이 잠재기부자 개발에 효과적인 이유는 '기부자가 기부'하기 때문이다.

다른 단체의 기부자에게 접근하는 것이 윤리적으로나 도의적으로 용납될 수 있을까. 대부분의 기부자는 현재 기부하고 있는 곳 외에 다른 단체가 한두 번 접촉해 온다고 해서 종전 기부를 중단하고 새로운 단체로 기부를 옮기지 않는다. 현재 기부 유지 또는 새로운 기부 추가 중 하나를 선택한다. 만일 새로운 기부 제안의 명분이 종전의 것과 유사하다면 기부를 추가할 가능성이 높다. 개인이 아닌 기업이나 장학재단, 지역재단, 종교단체 및 봉사단체 등은 대개 한곳에 몰아서 기부하기보다는 사업 기준을 갖고 협력 가능한 여러 비영리단체에 분산하여 지원금을 집행하려는 경향이 있다. 그러므로 이들의 명부를 개발하여 접촉하는 것은 오히려 그들이 반기는 일이다.

마지막으로 소개할 잠재기부자 확보 방법은 이미 공중에 널리 알려진 자료를 활용하는 것이다. 많은 단체나 기관에서 발행하는 인명록이나 연감에는 기부자가 될 만한 유력한 기업과 단체, 기업 대표 및 임원, 재단 책임자 및 이사 등의 이름이 포함되어 있다.

부자나 유명인 또는 전문직의 정보를 파악하려면 신문, 잡지 등 각종 매체가 좋은 정보원이 된다. 각 분야별 부자 순위와 부의 규모를 알려 주는 기사, 기업 가계도 등을 파악하여 제공하는 사이트, 해당 지역의 부자 혹은 전문직의 명단 등을 참고할 수 있다. 기사에서는 개인의 관심사나 사회공헌 동향, 나눔 활동에의 참여, 자주 어울리는 지인이나 취미 등이 자연스럽게 드러난다. 본인이나 가족의 승진, 임명, 퇴임, 부고, 수상에 관한 정보, 운영 기업의 공개, 사업 확장, 손실 등에 관한 정보도 모금활동에 요긴하게 활용할 수 있다.

각 산업 또는 지역에 속한 기업, 특정 분야와 연관된 기업, 매출액 기준 상위 1천 대 기업의 명단과 연락처 및 사회공헌 활동에 관한 정보는 지역 상공회의소에서 발간하는 자료, 전경련 사회공헌 백서 및 중견기업 사회공헌 백서 등에서 확인할 수 있다.

기업 외에도 각종 재단에서 발간하는 연감을 확인함으로써 우리 단체와 관련성이 높은 재단을 파악할 수 있다. 지역 내에서 로터리 클럽이나 라이온스 클럽과 같은 각종 자선클럽이나 종교단체, 그리고 그 리더의 이름을 알아낼 수도 있다.

다만 공개된 자료를 활용하면 이름이나 소속, 간단한 동향을 알 수 있지만, 우리 단체와는 관계가 거의 없는 인물이라는 점에서 기부자로 실현될 확률이 낮다. 그리고 기업이나 기관의 주소, 대표번호 정도는 알 수 있지만, 그 이상의 연락처를 얻기 어려운 약점도 있다. 더 나아가 개인정보와 사생활 보호가 강화되고 있는 상황에서 함부로 연락하거나 접촉하면 이에 항의하거나 문제를 제기할 수 있으므로 신중을 기해야 한다.

그러므로 공개된 정보로부터 획득한 잠재기부자 명단을 유용하게 활용하려면 그 명단에 포함된 이들 중에서 우리 단체의 명분이나 사업, 프로그램에 관심 있는 사람이 누구인지 파악하고 평가하는 후속작업을 거쳐야 한다. 그것이 아니면 단체가 제공하는 정보의 수신 동의 여부를 확인한 후 그 사람이 관심 있을 만한 정보부터 제공하기 시작하는 방법과 같이 신중한 접근이 필요하다.

이처럼 우리와 관계가 적은 사람들을 대상으로 기부자를 찾는 작업은 시간이 많이 들고 성공 확률도 매우 낮다. 그럼에도 우리 단체와 전혀 관계없는 사람이나 조직을 기부자로 확보하려 한다면, 이 작업에 얼마나 많은 시간과 노력 그리고 예산을 투입해야 하는지 잘 알아야 한다.

601 국립대학은 역사가 50년이 넘고, 1년에 수천 명의 동문을 배출

표 6-1 잠재기부자 찾기 방법 정리

구분	방법	예시
안에서 찾기	단체가 보유한 자료 활용	• 현재 기부자 명단 • 예전 기부자 명단 • 단체가 시행한 프로그램 참가자 명단 • 임직원, 학생 등 내부인 명단
	단체의 주요 인적 네트워크 활용	• 단체 이해관계자의 인맥 • 단체 이해관계자의 강연에 참가한 청중 명단 • 단체 이해관계자의 방문처 임직원 명단
밖에서 찾기	다른 단체의 공개된 자료 활용	• 다른 단체의 기부자 명부 • 다른 단체의 자원봉사자 목록
	대중에게 널리 알려진 정보 활용	• 인명록 및 연감 • 신문 및 잡지 기사 • 사회공헌활동 백서

하며, 대부분의 동문이 살아 있어 동문 수가 1만 명이 넘는다. 그러나 동문 모두가 학교의 잠재기부자는 아니다. 일단 학교에서 정리하여 보유한 동문 명부 중 기존 기부자는 얼마 되지 않았다. 동문회가 보유한 동문 명부도 자세한 정보는 일부 동문만 들어 있었으며, 그중 많은 수는 이미 수년 전 동문 정보를 반영한 것이었다.

이런 상황에서도 601 대학은 잠재 거액기부자의 명부를 만들었고, 그들과 접촉하여 거액을 모금하는 데 상당한 성과를 거두었다. 그리고 모든 동문에 대한 데이터베이스를 구축하고 소액모금을 추진하여 역시 성과를 거두었으며, 그 후 모금액이 크게 줄지 않고 있다. 이왕에 구축한 동문 중심의 잠재기부자 정보를 계속 활용하고 있을 뿐만 아니라 그 대상자를 계속 추가로 확보하고 있다.

최근에 개인정보 보호가 강화되어 모금활동에 필요한 개인정보 수집과 활용에 제약이 심해졌다. 비영리단체가 잠재기부자의 주소나 전화번호, 이메일 등의 정보를 토대로 모금활동을 펼치는 것이 점점 더 어려워지고 있다. 심지어 대학이 동문회 명부를 모금에 활용하는 것도 논란의 대상이다. 그럼에도 601 대학이 동문에서 출발하여 충실히 잠재기부자 수를 확보하고 정보의 질 관리에도 많은 노력을 투입한 것은 특기할 만한 일이다.

명부가 있어도 꿰어야 보배다

이야기 602 **자신만만 1만 명**

아동과 청소년은 물론 관련시설 종사자나 교사들을 대상으로 자선과 국제시민 교육을 진행하는 602 센터는 사업이 활성화되면서 점점 더 많은 돈이 필요해졌다. 정부의 관련 프로그램을 위탁받거나 강사들이 교육을 나가면 강사료를 받는 등 수입이 있었다. 하지만 단체의 운영과 새로운 콘텐츠 및 프로그램 개발, 공개적으로 프로그램이 지원되지 않는 사각지대의 교육, 상담실과 교육실 마련 등을 위해 돈이 필요했다.

그 재원을 마련하고자 후원자를 늘리는 방법을 강구하던 602 센터는 지난 몇 년간 단체에서 교육을 받았거나 세미나와 행사 등에 참석했던 사람들을 주목했다. 해당 사업의 담당자들에게 물어보니 지난 3년간의 대상자를 모으면 1만 명은 족히 될 것이라고 이야기했다. 그 1만 명이 다 유효할지는 몰라도 충분한 수라고 판단한 602 센터는 명단을 정리하여 후원을 요청하는 전화 캠페인을 추진하기로 결정했다.

제일 먼저 각 사업 담당자로부터 명단을 모으는 작업을 진행하였다. 하지만 사업 담당자들로부터 받은 명단은 1천 명이 넘지 않았다. 각종 교육이나 행사에 수많은 사람들이 참석했지만, 이름과 소속, 연락처를 남기는 것은 고사하고 프로그램마다 참석자 수만 정리된 경우가 허다했기 때문이다.

그나마 수집한 명단 중 전화나 편지, 이메일로 연락할 수 있는 사람은 애초에 정리한 인원의 절반도 되지 않았다. 통화량이 최소한 수천 건에 이르고 수백 명의 새로운 기부자를 모집할 것을 기대하며 외주업체를 알아보던 것도 의미가 없어지고 말았다.

602 센터의 이야기는 우리나라 비영리단체의 사례들 중에서 아주 독특한 것은 아니다. 모금을 위해 대상자 명부를 만들겠다는 단체에 전화나 편지, 이메일로 접촉 가능한 인원을 정리해 보라고 하면 애초에 예상했던 인원에 턱없이 모자란 경우가 대부분이다. 앞서 이야기한 대로 대부분의 대학은 동문 명부도 제대로 정리하지 않았으며, 아예 명부 정리의 가치나 필요성을 못 느끼는 경우도 많다.

설령 명부를 만들 자료가 있어도 여러 곳에 흩어져 있어, 명부의 규모나 실제 유효한 자료가 얼마나 되는지 알기 어렵다. 임직원이 명함을 받은 사람들, 각종 교육이나 강연에 참석한 사람들, 단체 홈페이지에서 자료를 다운로드받은 사람들, 단체를 방문했거나 교육과정을 수료한 사람들, 음악회나 바자회 등 행사에 참여했던 사람들, 자원봉사자들, 기관장이 참여하는 지역의 각종 모임 회원들 등 수많은 자료원이 있지만 책상 서랍이나 각자의 휴대폰, 컴퓨터 속 엑셀 파일로만 존재한다. 이들을 잠재기부자라는 관점에서 모으고, 정리하고, 소통하여 준비시키는 것이 모금부서와 담당자의 중요한 역할이다. 602 센터는 여러 사업을 통해 많은 사람과 접촉했지만, 이들을 잠재기부자라는 중요한 자원이자 파트너로 정리하고 관리하는 데는 아쉬움을 드러냈다.

4장의 이야기에 등장하는 403 연구소도 잠재기부자 정리와 관리의 가치나 필요성을 느끼지 못하고 오랫동안 방치해온 탓에 처음 정리한 명부에서 실제 전화 통화가 이루어진 인원의 비율이 상당히 낮았다. 따라서 모금을 위해 의도적으로 잠재기부자를 준비하는 것은 다음 단계의 모금활동은 물론 모금 성과에도 영향을 미친다.

모금 현장의 여러 권고를 살펴보면,[*] 거액기부자donor 한 명을 확보하려면 3명의 잠재기부자prospect가 있어야 하고, 이 3명을 확정하려면 16명의 이름suspect을 검토해야 한다. 전화로 신규 기부를 요청할 때 기부받을 확률은 3% 내외이며, 전통적 편지는 1% 정도이다. 이메일을 보낸다면 그 확률은 현격히 더 낮아진다. 100명의 후원자를 확보하려면 유력한 전화번호를 3,300개 이상 확보해야 하고, 주소는 1만 개를 확보해야 한다는 계산이 나온다. 거액이든 소액이든 우리 단체에 기부할 기부자를 만들어내고 관리하는 일은 매우 중요하다. 그러나 우선 훨씬 더 많은 잠재기부자를 찾아야 한다.

그래도 기부자가 없다면 어떻게 해야 할까? 의도적으로 접점을 만들거나 명부가 필요하지 않은 모금방법인 거리모금이나 공개적 인터넷모금, 미디어 광고, 크라우드 펀딩crowd funding 등을 사용한다. 이 방법들은 단체가 잠재기부자 명부가 없어도 실행할 수 있다는 장점이 있다.

---

[*] Capital Campaign Toolkit(Amy Eisenstein and Andrea Kihlstedt)는 거액기부자 1명 유치를 위해 잠재기부자 2~3명이 필요하다고 하며(https://capitalcampaign-toolkit.com), Scott Bucko는 4명이 필요하다고 한다(https://www.philanthropy-daily.com). 또한 Alysteling 컨설팅에서는 3~4명이(https://alysterling.com), DonorSearch 컨설팅은 2~4명이 필요하다고 한다(https://www.donorsearch.net). 이와 같은 여러 권고나 주장을 살펴볼 때, 한 명의 거액기부를 받기 위해서는 약 3명의 잠재기부자가 있어야 한다.

잠재기부자는 비영리단체가 가만히 있어도 저절로 생겨나지 않는다. 매년 동문을 배출하는 대학이나 수많은 환자를 치료하는 의료원도 기부자를 확보하려면 큰 노력을 기울여야 한다. 학교의 동문이거나 치료를 잘 받은 환자나 그 가족이라고 해서 누구나 다 학교와 병원에 기부하지 않는다. 개인적으로 고마운 분들에게 감사의 마음을 물질로 전달하더라도 단체에 기부하는 것으로 연결되지 않을 수 있다.

모금활동 실무의 시작은 잠재기부자를 찾아 유력한 요청 대상자로 정리하는 것이다. 모금의 관점에서 단체의 활동이나 사업, 주변을 살펴보면 우리 단체의 잠재기부자가 될 수 있는 유력한 인사들이 많이 있다. 이들을 일단 한곳에 모아 정리하는 것부터 시작해 보자.

더 깊은 생각을 위해 06

개인정보 보호가 모금활동에 미치는 영향

모금을 하다 보면 불가피하게 조직과 개인에 관한 여러 가지 정보를 다루게 된다. 그렇기 때문에 비영리단체의 모금활동은 2011년 제정된 '개인정보 보호법'의 규제를 받는다. 법이 통과된 후 대학이 그 졸업생 명부를 동문회에 넘겨주는 것이나, 동문회가 동문 명단을 학교에 넘겨주는 것이 합법적이냐는 논쟁이 벌어졌다. 또 정보를 까다롭게 처리하면 비용과 노력이 너무 많이 들어 모금활동 자체가 위축되거나 단체의 재정에 위협적 요소로 작용할 수 있다는 지적도 나왔다.

법에 따르면 '개인정보'란 살아 있는 개인에 관한 정보로 성명, 주민등록번호 및 영상 등을 통해 개인을 알아볼 수 있는 정보(해당 정보만으로는 특정 개인을 알아볼 수 없더라도 다른 정보와 쉽게 결합해 알아볼 수 있는 것을 포함)를 말한다. 그리고 '처리'란 개인정보의 수집, 생성, 연계, 연동, 기록, 저장, 보유, 가공, 편집, 검색, 출력, 정정, 복구, 이용, 제공, 공개, 파기, 그 밖에 이와 유사한 행위를 말한다(법 제2조).

그러므로 비영리단체는 개인 후원자의 정보를 수집, 기록, 저장, 보유, 편집, 출력하는 것은 물론 검색하는 것까지 다른 특별법에 의한 규정이 있지 않은 한 이 법이 정하는 원칙에 입각하여 다루어야 한다. 법 제3조(개인정보 보호 원칙)에서는 여덟 가지 원칙을 명시한다. 정보처리는 목적 범위 내에서 최소한으로 처리되어야 하고, 정보의 정확성과 최신성을 보장하되 개인의 권리와 사생활이 침해받는 위험을 방지해야 한다. 그리고 익명성이나 열람청구권의 보장 등 공개의 원칙을 지켜야 하고 관련 책임과 의무를 준수해야 한다.

세부적 법령의 조항에 따라 후원자의 개발이나 관리와 관련된 사항이 많지만 큰 틀에서 몇 가지 기본적 사항을 살펴보자. 먼저, 후원자의 인적 사항, 후원활동, 후원금품에 대한 정보를 처리함에 있어 후원자별로 개별 동의를 얻어야 한다. 만약 다른 법령(예를 들면 소득세법)에 의한 정보처리 근거가 있더라도 동의를 얻어야 하고, 그룹이나 단체로 후원할 경우에도 개별적으로 정보수집 동의를 얻어야 한다. 후원금품에 대한 사용 내역을 통보(영수증 발행 등)하기 위해서는 개인 연락처의 관리가 가능하지만, 소식지 등을 발송하기 위해서는 별도의 동의를 얻어야 한다. 또한 CMS 이용을 위한 개인 후원자 정보수집이나 연말정산 등을 위해서도 후원자의 동의를 얻어야 한다.

단체가 해당 개인(정보주체) 이외로부터 수집한 개인정보를 처리할 때에는 정보주체의 요구가 있으면 그 출처와 목적을 개인에게 알려야 한다. 개인정보의 보유 기간 경과, 개인정보의 처리 목적 달성 등 그 개인정보가 불필요해지면 지체 없이 그 개인정보를 파기해야 한다. 개인정보가 분실, 도난, 유출, 위조, 변조 또는 훼손되지 않도록 안전성 확보에 필요한 기술적, 관리적 및 물리적 조치를 해야 한다.

단체에서 후원자 정보를 관리한 직원은 거짓이나 그 외 부정한 수단과 방법으로 개인정보를 취득하거나, 처리에 관한 동의를 받는 행위, 업무상 알게 된 개인정보를 누설하거나 권한 없이 다른 사람이 이용하도록 제공하는 행위 등을 할 수 없다.

이외에도 개인정보 보호와 관련된 사안은 더 많다. 단체 입장에서는 후원자와 관련된 개인정보 처리는 아주 복잡하고 디테일에 신경을 써야 하는 업무이며, 책임과 부담이 크다. 이 법이 기본적으로 개인정보의 '활용'에 관한 법이 아니고 '보호'에 관한 법이기 때문이다. 그래서 현장에서는 이 업무에 집중하느라 후원담당자가 본업을 뒷전으로 하는 것 아니냐는 불만이 터져 나오기도 한다.

그럼에도 단체의 투명성과 사회적 책무를 다하기 위해서는 법을 준수하고, 요구되는 조치를 합리적으로 갖추어야 한다. 시간이 오래 걸리더라도 정보수집 시 목적을 알리고 동의를 얻는 것, 정보를 구조화하여 체계에 따라 정리하는 것, 정보관리 체계를 수립하는 것, 수집한 정보를 목적 범위 안에서 사용하되 보안을 철저히 하고 관리책임자를 임명하는 것 등이 기본적으로 필요하다.

물론 법을 다 준수하여 흠결이 없도록 하는 노력도 필요할 것이다. 그러나 그보다 중요한 것은 후원자의 정보보호를 위해 단체와 후원담당자, 정보관리담당자가 최선을 다해 노력하고 개선하고 있는지 늘 점검하고 살피는 태도일 것이다.

제 7 장

준비된 요청이 성과를 낸다

이야기 701 **300만 원도 만족**

서울에 있는 701 대학의 무기계약직으로 발전기금 부서에서 일하는 원 씨와 정 씨는 이틀 연속 잠재기부자와 미팅 약속을 잡았다.

첫 번째 미팅 대상은 100년에 가까운 역사로 해당 업종에서 가장 오래되었고 업계 순위 1~2위를 다투는 기업의 3세 후계자였다. 40대 초반으로 아직 부회장이나 사장은 아니어도 전무로서 실질적 후계자 수업을 받는 젊은 동문이었다.

두 사람은 지난주 이 3세 동문의 정보를 정리한 대외비 문서를 동료로부터 넘겨받아 검토하였다. 회사는 역사도 있고 유명했지만 3세는 학교에 기부한 적도, 행사에 참여한 적도 없었다. 다만 졸업한 학과와 동아리 후배들을 위한 모임에 여러 번 돈을 건넨 적이 있다고 기록돼 있었다. 건당 액수는 100만 원 정도였다. 물론 학교에서는 학교 간행물을 몇 년 전부터 발송했고, 참석하지 않아도 매년 개교기념 행사 초대장을 보냈다.

두 번째 미팅 대상은 인문대 출신 50대 창업자로 잘 알려지지 않았지만 부채도 없고 업계에서 인정받는 견실한 회사 몇 개를 운영하고 있었다. 정리된 정보에 따르면, 학교에는 기부하지 않았으나 동문회 부회장을 지내면서 개교 60주년 기념 동문회 모금에서 수천만 원을 기부하기도 했다. 졸업한 단과대 학장과는 고등학교 선후배 사이였고, 그래서 단과대 송년모임에도 참석한 기록이 있었다.

두 사람은 미팅에 나서기 전에 3세 후계자와 창업자의 기부 기대액을 논의하였다. 3세 후계자는 앞으로 가능성은 있으나 본부 발전기금팀이나 총장과 아직 라포*가 약하여 큰 액수를 기대하기 어려웠다. 그래도 본부에서 접촉하는 것이니 일차적으로 수백만 원에서 천만 원 정도를 기대액으로 정했다. 한편 창업자는 이미 동문회에 수천만 원을 기부한 적도 있고 견실한 부자이니 최소한 억대는 받을 수 있을 것으로 기대했다. 물론 모금부서장에게도 이런 목표액을 전달했다.

3세를 만나는 날, 두 사람은 이런저런 대화를 나누면서 학생들을 위한 장학금이 모교에 기부를 시작할 때 가장 선호되는 방법이라고 이야기했다. 3세는 요즘 등록금이 얼마냐고 물어봤고, 당시 기준으로 인문계가 300만~400만 원 정도라고 알려 주었다. 미팅을 마치고 두 사람이 근처 커피숍에서 미팅 정리와 리뷰를 하는 중 사무실에서 전화가 왔다. 3세 후계자가 개인 기부금으로 300만 원을 입금하고 확인을 요청하는 전화를 해왔던 것이다.

창업자와의 미팅은 아주 진지했다. 학교 발전을 위해서는 학생에게 인문학과 기초학문을 더 습득하도록 해야 하고 학교는 이를 준비하고 있다고 설명했다. 그리고 그 계획서를 건네고 연간 소요액이 수억 원에서 많으면 수십억 원에 이를 수도 있다고 설명했다.

그 후 1년간 창업자에게서는 아무런 연락이 없었다. 여전히 학교 소식지도 보내고 행사 초대장도 발송했지만 그는 참석하지 않았다.

1년이 좀 지나 11월쯤 기업의 연간 가결산 시기가 다가올 때, 드디어 창업

---

* 라포rapport는 신뢰와 친근감으로 이루어진 인간관계로, 상담이나 교육의 전제이다.

자 회사에서 팩스로 약정서가 들어왔다. 인문학 진흥을 위해 써 달라며 1억 원을 내놓겠다는 것이었다. 한 달 내에 절반을 기부하고, 6개월 후에 나머지를 기부하겠다는 내용이었다.

모금은 간단히 3P로 정리할 수 있다. 준비하고prepare, 실행하고play, 기도한다pray. 모금이란 성사 확률이 낮고, 알 수 없는 사람의 마음을 변화시키고 행동으로 옮기도록 유도하는 지난한 과정이기에, 모금이 잘되게 해달라고 간절히 기도하며 기대하는 마음을 가지는 것이 중요하다.

하지만 기도만으로 후원금이 들어오지 않는다. 물론 기도만 하는 것보다는 더 효과가 있겠지만, 기부금을 달라고 요청만 하는 것도 한계가 있다. 누구에게, 왜, 얼마를 기부해 달라고 할지 정하지 못하면 요청을 실행하는 것도 허공에 외치는 메아리가 될 공산이 크다. 기도와 실행에 날개를 다는 것이 바로 준비다. 그래서 혹자는 모금의 3요소를 "준비하고prepare, 준비하고prepare, 준비한다prepare"라고 농담처럼 말한다.

잠재기부자 정보를 정리, 확인한다

701 대학의 모금가인 원 씨와 정 씨는 잠재기부자 관련 정보를 다른 직원으로부터 충분히 지원받고 이를 활용했다. 담당 팀에서 제공한 기업 3세와 인문대 동문 창업자의 정보를 바탕으로 그들이 누구이며, 어떤 상황에 있고, 그동안 학교와 어떤 관계를 형성해왔는지 파악했다. 이에 근거해 면담 전략을 수립하고 적절한 기부 기대액을 정하였다. 기업

3세가 300만 원을 입금한 것에 놀라지 않았고(당일 입금에는 놀랐다), 인문대 동문 창업자가 1년이나 지나 1억 원을 기부해도 실망하지 않았다. 철저한 준비 위에 실행과 기도가 더해져 이루어낸 결과였기 때문이다.

모금준비에 대한 오해가 있다. 어디에 사용할 것인지 사용처부터 정해야 한다고 생각하는 것이다. 투명하고 효과적인 모금을 위해 이 작업이 필요한 것은 사실이나 이는 준비의 일부를 차지할 뿐이다. 다음으로 약정서나 홈페이지의 약정 페이지를 구비하는 데 신경을 많이 쓰기도 한다. 이 또한 필요한 것이기는 하나 준비의 일부에 불과하다. 기부금 결제방식과 기부방법을 정하는 것도 마찬가지이다.

사업을 수행하려면 분명히 기술적이고 행정적인 요소들이 갖추어져야 한다. 하지만 가장 중요한 준비는 잠재기부자에 대한 준비이다. 유력한 요청 대상자의 이름과 신상, 우리 단체와의 관계나 호불호, 여러 가지 행사 등의 참여 여부, 기부 여부와 방법, 액수는 물론이고 현재와 미래의 기부 여력이나 규모와 종류, 선호하는 모금 아이템, 최근의 관심사항 등 수많은 기부자 관련 정보를 준비해야 한다.

이러한 정보수집과 정리활동을 프로파일링profiling이라고 한다. 프로파일링은 모금이 발달한 미국에서는 모금활동에서 중요한 직업의 하나로 자리 잡았다. 잠재기부자의 기본 정보를 파악하여 정리하는 프로파일링은 잠재기부자의 상황을 정확히 파악하는 데도 중요하지만, 기부나 약정 이후 예우와 관리에도 필요하다. 미국의 단체에서 관리하는 잠재기부자 관련 정보는 대개 이름, 주소, 전화번호 등 10개 미만이지만, 거액기부자에 대해서는 수십 개의 항목을 관리하는 경우도 있다. 표 7-1이 그 예시인데, 단체의 정보관리 정책이나 기부자 유형에 따라 여기에 항목을 추가 또는 심화한다.

표 7-1 잠재기부자 관련 정보 예시

- 이름(예명, 애칭)과 개인식별번호(생년월일, 회원번호, 학번 등)
- 집주소와 전화번호, 휴대폰번호, 이메일
- 직장주소, 부서, 직위·직책, 전화번호
- 우리 단체에 대한 기부 현황과 경과
- 예우와 각종 관계형성 활동(방문, 참여 행사 등)
- 단체와의 관계(동문, 이사, 환자, 교육이수생 등)
- 배우자, 자녀 등 가족 관련 정보
- 단체 내의 주요 지인
- 선호하는 프로그램이나 사업
- 재산과 소득 상황, 사업 현황 및 동향
- 종교 및 취미, 친구, 좋아하는 음식이나 식당
- 여타 사회활동 및 타 단체 기부 여부
- 기타 관련 정보(승진, 애경사, 요청 사항 등)

기부자 정보는 보호해야 하는 개인정보이므로 본인의 동의를 얻어 수집·가공하고, 공개된 정보를 중심으로 획득해야 하며, 함부로 유출되지 않도록 보안에 유의해야 한다. 보안은 물론이고 정보를 일관되게 정리·보관하고 가공·활용하려면 가능하면 모금 전문 소프트웨어를 사용하고, 단체에서 사용하는 다른 업무 시스템과 연동되도록 하는 것이 합리적이다.

준비 작업에서 좀더 심화된 과정은, 프로파일링의 기초 작업으로 확보한 잠재기부자 정보를 바탕으로 누가, 언제, 어떤 방식으로 잠재기부자와 접촉하고 정보를 제공하며 요청 행동에 들어가야 하는지 정하는 것이다.

기부자는 단체 내에서 요청하러 오는 사람은 자신과 비슷한 지위에 있거나 요청하는 액수에 비례하는 지위에 있을 것이라고 기대한다. 모든 잠재기부자가 매번 단체장이나 모금부서장과 통화하거나 직접 만나기를 원하는 것은 아니다. 기관장을 만나더라도 이는 한 번으로 충분할 수 있다.

중요한 것은 잠재기부자가 믿고 소통할 만한 확실한 대상인지, 그 관계가 오래 지속될 수 있는지 여부다. 잠재기부자는 본인을 알아봐 주고 대화를 나눌 수 있는 상대를 원하는 것이다. 이런 사항들에 대한 구체적 준비가 없다면 결과는 부실할 수밖에 없다.

이야기 702　용감한, 그러나 허망한 대시

702 대안학교 교장의 친구이자 이 학교에 아들을 보내고 있는 김 실장은 올해부터 모금업무를 추가로 담당하게 되었다. 원래 그의 주 역할은 학교와 학부모 사이에서 연계와 소통을 담당하고 이와 관련한 각종 행사나 교육을 진행하는 것이었다. 그러던 중에 학교의 재정이 열악해지고 그 대안으로 모금을 해보자고 결정했는데 모금을 위해 새로운 선생님을 모실 상황은 아니어서 김 실장에게 겸직을 요청했고, 김 실장이 이를 수락하였다. 활동비 외에는 월급도 받지 않는 자원봉사였지만, 아들이 다니는 학교의 일이므로 김 실장은 열의를 가지고 모금업무도 기꺼이 받아들였다.

그러던 어느 날 김 실장은 대안교육 관련 세미나에 참석하던 중 옆자리의 중년 여성과 인사를 나누게 되었다. 그녀의 남편은 사업가이자 큰 교회 장로였고 그녀는 정부의 교육 관련 기관에서 일하는 고위 간부였다. 그녀는 여러 대안학교를 방문해 본 적도 있다고 했다.

세미나 중간에 쉬는 시간이 되자 김 실장은 그 고위직 여성을 얼른 뒤따라 나갔다. 밖으로 나가는 여성을 붙잡고 자신이 실장으로 있는 702 학교를 소개하고 자랑했다. 어떤 프로그램을 운영하는지, 아이들이 얼마나 즐겁게 생활하는지 쉬지 않고 설명했다. 그리고 기부금이 필요하니 다만 몇만 원이라도 기부해 달라고 요청했다.

중년 여성은 당황스러운 표정으로 좀 듣는 것 같더니 화장실이 급하다며 복도 저쪽으로 바삐 걸어갔다. 김 실장은 그 자리에서 그녀가 나오기를 기다렸지만 그녀는 나타나지 않았고, 세미나가 다시 시작되어도 옆자리로 돌아오지 않았다.

'대안교육에 관심이 있고, 교육에 종사하면서, 부자이고, 친절한 기독교인인 저 여성이 우리 학교에 다만 월 만 원이라도 기부해 주면 참 좋을 텐데 … .'

김 실장은 세미나 내내 그녀의 전화번호도 받지 못한 것이 못내 아쉬웠다.

부실한 준비는 상처를 부른다

위 이야기에서 아쉬운 것은 김 실장이 월 만 원의 후원금을 받지 못한 것이 아니라, 유력한 잠재기부자를 저 멀리 보내 버린 것이다. 김 실장은 그 여성과 인사를 나누는 순간 다만 얼마의 기부금이라도 받겠다는 생각에 사로잡혀, 702 학교를 설명하면서 기부금이 나오길 바랐을 것이다. 학교와 자신은 충분히 준비되었고, 준비된 것을 전달했으며, 그녀가 기부할 수 있는 요건을 충분히 갖추었으니, 웬만하면 그리고 몇 번을 권유하면 마지못해 약정을 해주리라 기대했을 것이다.

하지만 결과는 아름답지 않은 상처로 나타났다. 잠재기부자가 전혀 준비되지 않았기 때문이다. 설령 그녀가 대안교육에 관심이 있고 기부 여력도 충분하다 해도, 그녀는 김 실장의 대안학교에 대한 기부에는 전혀 준비되지 않았다. 갑작스러운 기부요청에 그 고위직 여성이 느꼈을 당혹감이나 부정적 인상은 당분간 지속될 것이다. 만약 화장실에 간 그녀를 다시 만나 한 번 더 기부를 요청해서 매월 만 원의 약정서를 받았다 해도 그 기부가 유쾌하게 지속되었을지는 미지수이다.

준비되지 않은 사람에게 기부를 갑자기 요청하는 것은 바람직하지 않다. 불가불 감행하더라도 아주 신중해야 한다. 거리에서 면대면 요청을 하는 것은 예외로 치더라도, 전화나 편지 요청도 사전에 단체나 단체의 사업, 발송자 등을 잠재기부자가 어느 정도 숙지한 후에야 효과가 있다. 거액기부 요청이라면 더욱더 그러하다.

이처럼 준비되지 않은 기부요청은 요청자와 요청받은 자 모두를 힘들게 한다. 요청자는 거절당한 상실감과 기부가 불발된 실망감에 빠진다. 요청받은 자는 유쾌하지 않은 경험과 불쾌감으로 요청자와 단체를 기억하게 된다. 이런 상황이면 앞으로 우호적 기부가 일어날 가능성도 거의 없다.

하지만 이런 사례가 비영리단체에서 적지 않게 눈에 띈다. 기업에 기부를 요청하면서 그 기업에 관한 정보를 파악하거나 평가하지도 않고, 세금을 징수하듯이 해당 기업의 이름도 적어 넣지 않은 제안서와 공문을 대표자 앞으로 보낸다. 혹시나 하는 기대감으로 여러 곳에 보내지만 역시나 기부로 연결되는 경우는 거의 없다. 준비되지 않은 대상에게 그저 일방적으로 우리의 필요를 외친 것이기 때문이다.

더 당황스러운 상황도 있다. 비영리단체와 거래 계약을 하기 위해 처음 방문한 업체 직원에게 약정서를 내밀며 작성을 권유하는 것이다. 이런 행동은 약정서를 작성해야 거래하겠다는 메시지로 읽힐 수 있다. 물론 그가 거래를 지속하면서 유력한 잠재기부자가 될 수도 있다. 하지만 첫 대면부터 약정서를 내미는 것은 정말 무례한 행동이다.

소액모금에서도 정보는 중요하다

단체가 주력하는 모금 방식이 대중을 대상으로 하는 소액모금이라면 어떻게 접근해야 할까? 소액모금도 앞서 살펴본 대로 대상이 되는 모든 개인에 관해 자세한 정보를 수집하고, 평가하고, 일대일로 대응하는 것이 가능하다. 하지만 이는 매우 비효율적인 방식이다. 그보다는 몇 가지 표준화된 가이드나 프레임을 사용하는 것이 좋다.

앞 장에서 잠재기부자의 명부를 만들어야 하는 필요성과 가치를 이야기했다. 여러분이 충분히 준비하여 많은 수의 잠재기부자를 확보했다면 이들 중에 어떤 유형의 잠재기부자가 더 유력하며, 이들에게 더 적합한 모금활동이 무엇인지 판단해야 한다. 이를 위해 잠재기부자의 특성을 파악하고, 이 특성에 따라 유형 그룹을 분류하는 단계가 선행되어야 한다.

잠재기부자를 분류하는 특성으로 가장 다루기 쉬운 것은 인구통계학적 기준이다. 성별, 연령대별, 학력수준, 소득수준, 거주지역 등이 이에 해당한다. 잠재기부자를 분류하는 또 다른 기준은 기부행태이다. 소액기부자가 선호하는 기부방식이 정기기부인지 비정기기부인지, 지정기부인지 비지정기부인지, 현금인지 현물인지, 순수기부형인지 물건구매형인지는 물론이고, 예우에 민감한지 그렇지 않은지, 정보와 피드백은 얼마나 요구하는지, 기부 외에도 단체의 사업이나 프로그램, 회원 활동에 참여하는지 등 기부자의 분류 기준으로 삼을 수 있는 기부행태에는 여러 가지가 있다.

그렇다면 통상적으로 자선성향이 높은 개인 기부자의 특징을 규명할 수 있을까? 조사에 따라 결과가 약간씩 다르지만, 일반적으로 남녀

간 차이는 별로 없고, 고령으로 갈수록 기부액이 커지며, 종교(특히 기독교)가 있거나 자원봉사를 하는 경우 더 많은 액수를 기부한다. 학력이 높고 대도시에 거주하는 사람의 기부금이 더 크며, 직장인보다는 자영업자가 기부를 더 많이 하는 것으로 나타났다.

사회적 이슈나 명분에 대한 관심은 연령대에 따라 다르다. 구호나 복지 분야에 대한 관심은 젊은 20대나 30대보다 40대 이상이 더 높고, 인권, 환경 등의 시민활동에 대한 관심은 젊을수록 더 높다. 문화·예술에 대한 관심은 고학력자나 고소득자가 더 높다. 자산과 소득의 규모가 커질수록 기부액도 크다. 일반적으로 부자가 더 기부하지 않는다는 오해와 달리 부유할수록 기부한 경험도 많은 것으로 나타났다.

여러 인구통계학적 특성 중에서 기부 특성의 차이를 가르는 가장 뚜렷한 기준은 연령대이다. 사회복지공동모금회 조사*에 따르면, 연령대별로 기부 참여 경험에 차이가 있다. 전체 기부자 중 40대의 비중이 31.8%로 가장 높고, 20대는 8.9%, 60대 이상은 7.3%로 낮다. 1인당 기부금액은 60대 이상이 300만 원이 넘는 데 비해, 40대는 150만 원에 못 미치고 20대는 50만 원을 조금 넘는 수준이다.

이러한 사실은 미국에서도 확인할 수 있다. 한 연구에 따르면, 비교적 젊은 Y세대(1981~1991년생)는 연평균 341달러를 3.6개 단체에, X세대(1965~1980년생)는 Y세대의 기부액의 배가 넘는 796달러를 4.2개 단체에 기부하는 것으로 나타났다.** 베이비부머세대(1946~1964년

---

* 사랑의열매(2020), 〈2020 기부 트렌드〉.
** Caroline Preston(2010), "Charities must find multiple ways to persuade people of different generations to give, study finds," *The Chronicle of Philanthropy*, March 14.

생)는 평균 901달러를 5. 2개 단체에, 베이비부머 이전 세대는 1, 066달러를 6. 3개 단체에 기부했다.

소액모금이라고 해서 일반 대중에게 무작위로 메시지를 전달하는 시대는 이미 지나갔다. 아직 비영리 분야에서 모금 채널을 활용하는 사례가 크게 주목받는 상황은 아니지만, 페이스북Facebook이나 인스타그램Instagram 등 온라인 채널에서 광고 대상을 타기팅할 수 있다.

페이스북에서는 이른바 '상세 타기팅'이라는 기능을 통해 소액이라도 기부를 요청할 수 있는 유력한 그룹을 대상으로 지정할 수 있다. 타기팅의 기준은 클릭 광고, 참여 페이지, 기기 사용량, 선호 여행 유형 등 페이스북 내에서 사람들이 나타내는 다양한 활동을 적용하기도 한다. 그러나 기본적으로 연령, 성별 및 위치 등 인구통계학적 특성을 기반으로 한다. 이런 타기팅은 광고나 모금을 원하는 단체나 담당자가 수동으로 특정 대상자를 제외하거나 포함하는 경우가 많지만, 단체의 광고가 쌓이면 자동으로 설정해 주기도 한다. 이때 기부성향이 높은 그룹에 관한 정보를 알고 있으면 유리하다.

통상적으로 자선성향이 높은 개인 기부자의 특징이 앞서 살펴본 조사결과처럼 나타났다고 해서 기부성향이 높다고 알려진 잠재기부자층만 찾아 요청하는 것은 적절하지 않다. 기부성향이 높은 잠재기부자층은 단체의 특성에 따라 다르고, 기부자를 더 세분해 보면 그 안에서 다른 특성이 나타나는 경우도 있기 때문이다.

단체와 잠재기부자가 서로 알아야

모금가나 단체는 잠재기부자를 잘 알아야 하고, 기부자도 단체나 단체의 사업, 모금활동에 대해 충분히 알아야 한다. 이러한 상호 정보교환과 이해가 바탕이 되지 않은 모금행위는 실질적이고 지속적인 성과를 기대하기 어렵다. 천만 원이 급하게 필요한 단체가 자선성향과 기부능력을 모두 갖춘 잠재기부자에게 월 3천 원의 정기기부를 요청하는 것도 부적절하지만, 반대로 월 1만 원도 기부하기 어렵거나 우리 단체를 전혀 모르는 사람에게 첫 만남부터 수천만 원을 기부해 달라고 요청하는 것도 마찬가지다.

이는 기부자의 입장을 전혀 배려하지 않는 무례한 행동이다. 거리에서 처음 만나는 시민에게 후원요청을 할 때에도 양해를 구하고, 보행이나 활동에 지장을 주지 않도록 접근하는 것이 기본 중 기본이다.

관대한 잠재기부자가 먼저 우리 단체를 찾아와 상당한 액수를 기부하겠다고 할 수도 있다. 하지만 그것은 드문 행운일 뿐이므로 서로가 서로를 이해하는 과정을 준비하는 것은 단체와 모금가가 해야 하는 중요한 일이다. 이 중요한 과정을 충분히 거칠 때 비로소 모금은 서로를 행복하게 한다.

준비되지 않은 모금활동은 무리수이며 실패를 불러온다. 전혀 준비하지 않았는데도 기부금이 들어오는 경우가 어쩌다 있기는 하다. 그러나 이 '어쩌다 사건'을 긴 가뭄 끝의 소나기처럼 기다리는 것을 모금이라고 할 수 없다. 그것은 모금 fund-raising 이라기보다 수수방관, 좋게 표현해도 기부 대기 gift-waiting 이다.

제 8 장

거액모금은 한 사람에게 집중한다

이야기 801 **아들이 다니는 학교**

서해안 바닷가 마을에서 태어난 문 씨는 고등학교를 졸업하고 곧장 돈벌이에 나섰다. 군대를 제대하고 이 일, 저 일을 전전하던 문 씨는 나이 40이 다 되어 그동안 벌어 둔 돈을 모아 회사를 창업했고, 20여 년 만에 국내 업계 3위 기업으로 성장시켰다.

본인은 대학 문턱에도 가 보지 못했지만, 큰아들이 당당하게 서울에 있는 명문대 공대에 입학했다. 아들이 입학한 대학에 대해 이것저것 알아보던 문 대표는 성공한 기업가가 그 대학에 기부했다는 기사를 보고 기부를 결심했다. 자신이 대학에 다니지 못한 아쉬움과 아들이 그 대학에 다닌다는 자랑스러움에 뭐라도 해야겠다 싶어 장학금 1천만 원을 기부했다.

기부 후 몇 달이 지난 어느 날, 문 대표는 대학 총장실에서 온 편지를 받았다. 학교의 발전위원회를 구성하는데 여기에 위원으로 참여해 달라며, 인사도 나누고 발전위원회에 대한 의견도 들을 겸 대외협력팀장이 방문하고 싶다는 내용이었다. 며칠 후 대외협력팀장이라고 자신을 소개하는 사람이 전화해서 방문 수락 여부와 일시를 물었다.

2주가 지나고 정말 팀장이 공장으로 찾아왔다. 사업 근황도 묻고, 학교에 대한 의견도 묻고, 기부를 한 경위에 대해서도 물었다. 문 대표도 아들의 학교 생활에 대해 이것저것 물었다. 하지만 대화의 핵심 주제는 학교의 발전위원회 위원으로 참여해 달라는 것이었다.

문 대표는 그것이 무슨 역할인지도 궁금했지만 다른 위원들이 누구인지가 더 궁금했으므로 팀장에게 위원 명단을 좀 보자고 요청했다. 위원장은 대기업 회장이었고 부위원장도 알 만한 회사의 오너였다. 위원 중에는 재계 인사, 정계 인사, 법조인과 고위 관료는 물론이고, 스포츠 스타와 유명 방송인 이름도 있었다. 한번쯤 친해 보고 싶은 사람들이었다. 그러나 대부분 그 학교 동문이었기 때문에 문 대표는 팀장에게 발전위원 자리를 정중히 거절했다.

하지만 발전위원회가 출범하던 날, 문 대표는 정장을 차려입고 행사장에 모습을 드러냈다. 팀장에게 발전위원을 거절하겠다는 의사를 밝힌 후에 처장에게서 전화가 왔고, 총장실에서도 전화가 한 번 더 왔다. 동문은 아니더라도 동문 못지않게 학교에 중요한 분이고 학부모이니 위원으로서 자격이 충분하다는 것이었다.

그 후 문 대표는 여러 발전위원들과 골프모임도 갖고, 학교 행사에도 같이 참여하며 친분을 넓혀갔다. 학교에 기부금을 더 많이 낸 것은 물론이다.

모금의 경제적 성과는 한 명, 한 명의 기부자가 얼마나 많은 기부금을 내는가에 달려 있다고 할 수 있다. 모금의 목적을 기부자의 참여를 통한 자선문화의 확산에 둔다면 굳이 많은 기부금에 주목하지 않아도 된다. 하지만 유의미한 규모의 재정확보라는 현실적 과제를 해결해야 하는 모금 목적을 가졌다면, 거액기부를 효과적으로 개발하는 것이 모금의 성패를 좌우한다.

여러 가지 통계가 이를 증명한다. 미국 대학들의 경우 상위 1%의 기부자가 전체 기부금의 50%를 기부하며, 상위 10%의 기부자가

90%에 이르는 기부금을 내고 있다. 파레토 법칙* 이 모금에도 그대로 적용된다. 오히려 상위 기부자로의 쏠림이 더 심하다. 특정 기부자가 단체 모금액에서 너무 높은 비중을 차지하는 것은 안정성을 해치지만, 그렇다고 거액기부의 실질적 위력을 결코 가벼이 다루어서는 안 된다.

거액기부금의 하한선이 얼마인가는 정해진 기준이 없다. 단체의 모금 여건이나 기부자의 여건에 따라 수십만 원에서 억대까지 차이가 날 수 있다. 하지만 통상적으로 근로자 1인의 한 달치 월급을 1년치 거액기부의 하한선으로 본다. 만약 단체가 거액기부의 하한액을 100만 원으로 정했다면 매월 10만 원을 정기 후원하는 기부자는 거액기부자로 분류하고 개별 관리 체계에 포함해야 한다.

더 깊은 상호 이해가 기본이다

이야기의 문 대표는 어떤 동기로 큰돈을 기부하고 발전위원회에 참여한 것일까? 일단 천만 원은 그에게 그리 큰 액수가 아니다. 천만 원 기부로 뭔가 큰 기대를 하거나 자신의 동기를 충족하려는 것이 아니라, 일종의 '시험적 기부'였을 가능성이 있다.

문 대표가 기부한 동기는 우선 자신의 후계를 이어갈 아들이 그 학교에 다니기 때문이다. 그 외에도 여러 가지 동기가 있겠지만, 그중 가장 유력한 것은 다른 사업가들이나, 그동안 경험하지 못했던 — 물론 최고 경영자 과정은 수료했지만 — 대학 인사들과 접촉할 수 있는 기회를 가

---

* 파레토 법칙Pareto principle이란 20%의 사람이 특정 현상이나 결과의 80%를 차지한다는 경험적 법칙이다.

져 보려는 것으로 보인다.

만약 학교 측에서 문 대표를 동문 대하듯이 하거나 그저 부자 사업가 중 한 명으로만 대했더라면 상황은 달라졌을 수도 있다. 한 명의 학부모로, 동문이 아닌 관계로, 주요 기부자의 한 사람으로 문 대표의 특성과 상황을 고려한 접촉 순서와 초대가 처음에는 우호적이지 않았던 문 대표의 마음을 열고 참여를 이끌어낸 것이다.

이처럼 잠재 거액기부자의 적극적인 기부를 이끌어내기 위해서는 개별적으로 기부 동기를 파악하여 그 동기를 충족시켜야 하며, 요청액도 그들의 상황에 적합하게 정해야 한다.

우리나라의 경우는 아니지만, 프린스와 파일은 미국 거액기부자를 관찰하여 그들의 기부 동기를 일곱 가지로 분류하였다.* 관찰 결과에 따르면 공동체주의자가 26%를 차지했고, 다음으로 독실한 신앙인이 21%로 높게 나타났다. 예상 외로 거액기부자 중 이타주의자는 9%에 그쳐 오히려 투자자(15%)보다 적었다.

거액기부의 동기를 일곱 가지로 구분해 보면 각각이 하나의 기부 동기처럼 인식되지만, 실제 각 사람에게 기부 동기는 꼭 하나가 아닐 수 있다. 가족전통에 따라 공동체적 관심을 두기도 하고, 독실한 신자이면서 보은자일 수도 있다. 기부금의 크기는 기부 동기의 충족 여부에 따라 달라진다. 따라서 거액기부를 이끌어낼 때에는 기부자의 동기를 잘 살펴 이를 충족시킬 수 있는 기제를 충분히 마련해야 한다.

---

* Russ Alan Prince & Karen Maru File (1994), *The Seven Faces of Philanthropy: A New Approach to Cultivating Major Donors*, Jossey-Bass Nonprofit & Public Management Series. 이 책은 아름다운재단 나눔북스 8권 《기부자의 7가지 얼굴》(박세연 역, 2015, 나남)로 번역 출간되었다.

그림 8-1 기부자의 7가지 얼굴

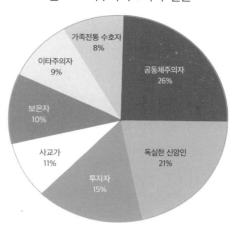

1. 공동체주의자communitarian: 기부는 이 세상을 살아가는 사람으로서 당연한 일이라 여기며, 자신이 거주하는 공동체 내에서 서로 혜택을 주고받는 것이 당연하다고 여겨 기회가 되는 대로 기부하는 기부자.
2. 독실한 신앙인devout: 기부는 신의 뜻이므로 신앙심에 따라 마치 헌금을 하듯 또는 헌금의 일환으로 기부하는 기부자.
3. 투자자investor: 기부를 일종의 좋은 비즈니스 수단으로 보며, 특히 기부로 얻을 수 있는 세금 관련 이익을 기대하는 기부자.
4. 사교가socialite: 기부에서 얻을 수 있는 즐거움에 초점을 두며, 비슷한 유의 기부자와 어울리거나 준거집단을 형성하는 즐거운 기회를 기대하는 기부자. 이들은 종교단체, 예술단체, 교육단체 등을 후원하면 이런 즐거움에 동참할 기회가 많다고 본다.
5. 보은자repayer: 한마디로 자신이 과거에 누린 수혜를 다시 사회에 환원하려는 기부자. 해당 단체나 기부자 덕분에 어려움을 극복하거나, 기회를 제공받은 후에 스스로 기부자로 거듭난 사람이다.
6. 이타주의자altruist: 기부는 옳은 일이라서 아무런 기대나 조건 없이 남을 도우려는 기부자.
7. 가족전통 수호자dynasty: 기부가 집안의 전통으로 자리 잡아 이를 따르고 지키는 기부자.

자료: Russ Alan Prince & Karen Maru File (1994).

한편, 거액기부는 위와 같은 내적 동기나 사적 관계를 넘어 세상의 변혁이나 사회적 영향력social impact에 대한 강렬한 기대와 소망으로 하기도 한다. 이를 이른바 변혁적 기부transformational gift라고 하는데, 특정한 사회적 이슈의 해결 혹은 지역 및 대상의 상황이나 삶의 근본적 변화를 기대하며 기부하는 것이다. 제3세계의 전염병 퇴치를 위한 백신 개발에 수천만 달러를 기부하는 것이나, 대형 고등교육기관이나 병원의 설립에 기부하는 것이 이에 해당한다.

이런 면에서 거액기부는 거액기부자의 일생의 꿈과 희망, 보답을 구현한다. 단순한 이익이나 사교 등을 넘어, 기부를 통해 자아를 실현하고 더 높은 가치에 이르는 것이다. 그러므로 규모가 큰 기부금을 유치하고자 한다면 기부자가 일생을 두고 실현하고 싶은 가슴 떨리는 꿈과 희망, 삶의 의미와 가치를 실현할 기회를 제공하는 것이 제일의 동기부여가 될 것이다.

이야기 802 　1구좌 24개월

대학에서 기계공학을 전공한 천 씨는 이제 어엿한 중견기업의 오너 경영자가 되었다. 대학을 졸업하고 전공을 살려 창업한 후 20년이 넘게 고생하여 이제 회사의 매출액도 1천억 원이 넘었고, 최근 몇 년간 흑자도 이어지고 있다.

그러던 어느 날 모교 총장실에서 보낸 초대장을 받았다. 대학에서 이제 '바르고 큰 교육'을 제공하여 사회를 위한 훌륭한 인재를 육성하고자 하며, 이를 선언하는 출범 행사를 준비했으니 참석해 달라는 초대였다.

최근에 모교에 가 본 기억도 가물가물하고, 총장실에서 처음으로 초대장을 받은 데다가 사업을 하다 보니 인재의 중요성을 절감하고 있던 터에 사회를 위한 바르고 큰 인재를 육성한다는 메시지에도 마음이 끌려 기꺼이 행사에 참석하기로 했다.

호텔 엘리베이터에서 내려 행사장 입구에 들어서자 호텔 직원인지 학교 직원인지는 몰라도 젊고 훤칠한 안내인이 이름과 학과, 학번을 묻고는 명찰을 내주고 행사장 테이블 번호를 알려 주었다. 명찰을 받아 가슴에 달고 연회장 안으로 들어서니 음악이 흐르고 여러 사람이 각기 무리를 지어 웃으며 담소를 나누고 있었다.

본 행사장에 들어서니 수십 개의 테이블이 준비되어 있어 한눈에 잘 들어오지도 않았다. 다 차면 600~700명은 충분히 앉을 정도였다. 조명이 약간 어두워서 잘 보이지 않고 수많은 테이블 중에 배정된 자리를 찾는 것도 힘들었다. 그래도 테이블과 의자 사이를 비집고 비교적 단상과 가까운 중간 어디쯤의 테이블에서 단상이 비스듬히 보이는 곳에 자리 잡았다.

단상이 더 잘 보이는 오른편 자리에는 이미 근엄해 보이는 신사가 앉아 있었고 그 옆자리에도 누군가 앉아 있었다. 초면인 듯한 어색함을 무릅쓰고 동문일 것이라는 기대감에 인사를 나누고 명함을 주고받았다. 바로 옆자리의 근엄한 신사는 모 대기업의 부회장이었다. 소개를 들어 보니 무역학과 출신의 3년 선배였다. 회사와 이름은 일전에 업계 행사에서 몇 번인가 본 기억이 떠올랐고, 그때의 기억을 더듬어 대화를 잠깐 이어갔다. 그가 경영하는 그룹의 계열사 중 하나가 같은 업계에 속해 있기에 대화가 어색하지 않았다.

행사가 본격적으로 시작되었다. 총장이 연설하고, 동문회장 인사, 다른 대학 총장 등 여러 사람이 연달아 연단에 올랐다. 이번 행사의 취지가 마음에 들었고, 여러 사람이 지지하고 격려하는 것에도 약간 흥분되었다.

그렇게 한 시간 만에 행사가 끝나고 저녁식사가 나왔고, 총장을 비롯해 몇 사람이 건배사를 이어가며 분위기가 무르익었다. 훌륭한 식사도 한층 더 기분을 돋우었다. 한 가지 눈에 걸리는 것은 옆자리의 부회장 선배였다. 그는 행사 내내 얼굴 표정이 밝지 않았고, 박수도 건성으로 치는 것 같았으며, 말도 꺼내지 않았고, 나처럼 누구 아는 사람이 없는지 두리번거리지도 않았다. 그저 의례적으로 '잘 드세요' 정도의 말을 할 뿐이었다.

식사가 끝나갈 무렵 흥겨운 분위기 중에 마지막으로 제일 중요한 이야기를 하겠다며 총장이 마이크를 잡았다. 이 중요하고 큰일을 하려면 재원이 필요하니 참석자들이 후원해 달라는 이야기였다. 테이블에 약정서가 준비되어 있으니 작은 정성이라도 꼭 보태 달라고 간곡히 이야기했다. 그러고는 단상에 초대가수가 나와 흥겹게 노래를 시작했다.

학교가 이렇게 큰 행사를 하면 뭔가를 요청할 수 있을 것이라 예상했다. 다른 학교에서는 하지 않는 중요한 일을 모교가 하겠다는데 필요하다면 큰돈이라도 기부하고 싶은 생각도 있었다. 근래에 사업 상황도 좋았고 아내는 동창회 부회장을 한다며 자기 대학 동문회에 상당한 돈을 기부한 터라 마음도 가벼웠다. 약정서를 집어 들고 일단 이름과 주소 등을 적어 넣고 사인도 일사천리로 마쳤다. 이제 얼마를 약정할지 결정하는 일만 남았다. 가슴이 떨려 쉽게 결정하기 어려웠다. 모교에 처음 기부하는 것이라 더 그랬는지도 모른다.

마음을 정하려고 고개를 들어 행사장 천장을 쳐다보고 주변을 한번 돌아봤다. 수백 명의 참석자들이 다 약정서를 쓰고 있을 줄 알았다. 그런데 약정서를 들고 있거나 작성하는 사람은 테이블당 한두 명도 되지 않았다. 다들 그저 술잔을 기울이며 떠들고 웃고 있었다. 단상에서 나오는 초대가수의 노래에 박수를 치고 있는 사람들도 여럿이었다.

그렇게 돌아보다 바로 옆의 부회장에게 눈길이 닿았다. 역시 그는 품위 있게 약정서를 열심히 작성하고 있었다. 보고 싶어 본 것은 아니지만 본능적으로 눈길이 그의 약정서에 순간 머물렀다. '3구좌 3년' 구좌당 1만 원이니 그가 약정한 금액은 108만 원! 놀라움에 눈을 의심하고 다시 봐도 역시 그랬다.

심장이 심하게 요동치고 머릿속이 복잡하게 돌아갔다. '저 선배가 그 재력에 겨우 100여만 원이라니. 학교가 큰일을 한다고 이런 행사까지 하는데 … . 그럼 나는 얼마를 약정하지? 내가 비록 재벌급 부자는 아니어도 아까 연설을 들을 때는 천만 원도 생각해 봤는데 … . 내가 오버한 건가? 아니 그래도 여기 밥값만 해도 얼만데 … .' 머리와 심장은 이미 제멋대로 생각하고 쿵쿵거리고 있었다.

웨이터가 가져다준 볼펜을 기념으로 포켓에 꽂고 약정서를 테이블에 내려

놓았다. '그래 이 정도면 밥값은 한 거겠지. 재벌 부회장 선배와 비교해도 내가 적게 한 것은 아닐 거야. 충분할 거야. 학교도 돈이 있으니 이런 행사를 하는 것 아니겠어. 됐어 훌륭해. 1구좌씩 24개월!'

개별 접촉을 더 활성화하자

천 씨의 모교는 과연 1구좌 24개월의 약정에 어떻게 반응할까? 물론 표면상으로는 비록 1구좌라도 약정이 되었으니 감사하고, 이를 잘 집행할 것이다. 하지만 이 사례에서 아쉬움이 쉽게 머리를 떠나지 않는다. 천만 원 이상을 기부할 수 있는 유력한 동문이 24만 원을 약정했기 때문이다. 만약 천 사장에게 학교에서 이후 추가로 연락하여 기부를 요청하면 천 씨는 "아, 전에 행사에서 약정했는데요. 돈이 빠져나갔던데요"라고 답할 것이며, 학교는 당분간 추가 기부를 받기 어려울 것이다.

행사 취지나 기부 목적이 잘못된 것도 아니고, 행사에서 실수가 있었던 것도 아니다. 초대 대상도 잘 선정하였고, 기부 요청도 훌륭한 행사였다. 하지만 대기업 부회장이 100여만 원을 약정하고, 천 씨가 24만 원을 약정한 것은 정말 아쉬운 일이었다. 도대체 무엇이 문제였을까?

천 씨의 모교가 놓친 것은 잠재 거액기부자와의 활발한 개별 접촉 과정이다. 거액기부가 예상되거나 기대되는 대상의 모금은 수백 명이 참석하는 행사 중 한 사람으로 두고 진행하기보다 철저히 개별화된 일대일 접촉으로 진행해야 한다.

이미 기부를 했든 아직 하지 않았든 간에 단체 직원들과 잠재기부자들은 서로 반복적으로 정보를 교환하고, 주요 사업에 대한 의견을 청취해야 한다. 두 집단은 종종 만나면서, 의도적으로 계획한 활동을 통해 서로의 존재를 확인해야 한다. 이러한 활동은 단체와 기부자 간 친밀도와 각종 사업 이해도를 높일 뿐만 아니라 인간관계도 돈독하게 하여 모금의 성과에 영향을 미친다. 그러므로 잠재 거액기부자와의 접촉은 사전에 치밀한 계획을 세우고 시간과 노력을 들여 신중히 진행해야 한다.

미국의 경우, 한 개인이 비영리단체에 처음 일정한 거액을 기부하기까지 첫 접촉부터 평균 1년 6개월의 시간이 소요되며, 이 기간 동안에 의미 있는 접촉이 약 9회 이루어진다고 한다.* 의미 있는 접촉이란 잠재기부자가 본인이 특별한 개인으로 대우받는 느낌을 충분히 가질 정도의 접촉을 말하며, 표준화된 메일 수신이나 대형 행사 참석 등은 포함되지 않는다. 미국 단체의 기부자 접촉기간과 횟수를 살펴보면 거액기부 유치에 얼마나 많은 시간과 노력을 기울여야 하는지 알 수 있다.

경험적으로 볼 때 우리나라에서 거액기부를 개발하는 데 소요되는 기간은 미국처럼 길지 않고 의미 있는 접촉횟수도 9회에 이르지 않는 것이 일반적이다. 서너 번의 미팅으로 접촉이 종결되고, 소요기간도 1년을 넘지 않는 경우가 허다하다.

물론 모든 잠재기부자를 일일이 일대일로 다 챙기지 못하고 어쩌다 실수로 놓칠 수 있다. 하지만 충분한 사전정보 조사작업과 사전접촉

---

* Marcy Heim (2013), *Making an Artful Ask! : Marcy's Major Gift Makeover*, CFRE.

과정을 통해 작업을 진행했더라면 결과는 완전히 바뀌었을 것이다. 천 씨는 아마 수천만 원의 기부금을 약정하고 당당하고 편안하게 행사에 참석하여 즐겼을 것이고, 학교는 유력한 거액기부자를 더 이른 시점에 모셨을 것이다.

거액기부자를 많은 군중 속에 들여놓고 외롭게 하는 것은 모금가 입장에서 바람직한 행동이 아니다. 굳이 거액기부자가 아니더라도 기부자는 한 개인으로서 주목받고, 인정받고, 알아봐 주기를 원한다는 점을 기억해야 한다. 특히 자신의 재산이나 소득의 상당한 비율을 기부하는 거액기부자는 더욱 그러하다. 특별한 관계가 필요한 것이다. 실무적 관점에서 거액기부자는 다음에 더 많은 기부를 할 확률이 높기 때문만은 아니다. 개별 기부자의 부와 나눔의 정신은 소중하고 가치있는 것이기에 기부자 한 명, 한 명은 모두 개인적으로 존중되어야 하는 것이다.

더 깊은 생각을 위해 08

기부자 중심의 통합적 정보관리가 중요하다

다음은 앞의 '1구좌 24개월' 이야기에서 중견기업 오너 경영자 천 사장의 옆자리에 앉았던 대기업 부회장의 스토리이다.

이야기 803 천 사장을 흔든 한 부회장

한 부회장은 밀리는 차 안에서 기분이 묘했다. 저녁 행사에 늦을 것 같아서기도 했지만, 이런 자리에 회장님이신 아버지 없이 참석하는 것이 처음이라 만나는 사람들과 무슨 말을 어찌할지 몰라서이기도 했다.

호텔에 들어서서 행사장으로 가는 엘리베이터에서 내리자 젊은 안내자가 이름과 학과, 학번을 물었다. '음 … 나를 몰라본다는 거지. 뭐, 그럴 수도 있지.' 그렇게 명찰을 받아들고 테이블 번호를 확인한 다음 연회장으로 들어섰다. 연회장에서는 여러 선배들이 총장을 둘러싸고 담소 중이었다. 예전에 아버지가 저 자리에 함께 계실 때 그는 그저 몇몇의 과 동문이나 교수, 재계 인사와 악수를 나누고 바로 자리로 들어가곤 했다.

한 달 전, 모교 총장으로부터 행사 초대장을 받고 회장인 아버지에게 같이 가실 건지 여쭈어 봤다. 이번에는 혼자 가라고 하셨다. 엄격히 말하면 학부 동문은 아들이고 아버지는 최고위과정을 이수한 정도이며, 이제 회사도 물려받을 것이니 혼자 가는 편이 좋겠다고 했다. 아버지 의견에 별 이의가 없고, 이제 환갑이 얼마 안 남은 나이이니 그럴 수 있다고 생각했다.

그래도 마음이 오락가락하는 중에 학장에게서 전화가 왔다. 학장은 무역학과 동기다. 이번 행사는 총장과 학교가 심혈을 기울여 마련한 것이고, 무역학과의 입장도 있으니 꼭 참석해 달라고 했다. 그러면서 자신은 해외 강연이 작년부터 잡혀 있어 행사에 참석은 하지 못하지만 꼭 와 달라고 신신당부했다.

수백 명은 족히 수용할 대형 홀에 얼핏 봐도 100여 개의 테이블이 놓여 있고, 배정된 테이블은 무역학과와 기계공학과가 섞여 앉아 있는 비교적 앞쪽 자리였다. 자리에 다가가자 앉아 있던 사람이 일어서며 반갑게 인사했다. 무역학과 3년 후배이고 지금은 공무원으로 국제통상 업무를 담당하고 있다고 했다. 한 학년의 정원이 80명이었으니 동기생에 대한 기억은 좀 있지만, 이 후배에 대한 기억은 별로 없었다.

행사 시작시간이 다 되어 왼쪽으로 수더분해 보이는 사람이 자리를 잡았다. 그는 기계공학과 2년 후배로 사업을 하고 있다고 자신을 소개했다. 업종을 보니 계열사 중 하나와 비슷한 품목을 다루고 있었다. 이 친구는 뭐가 그리 좋은지 연신 싱글벙글하며 자꾸 말을 걸어왔다. 자리가 자리인지라 사업 이야기만 할 수 없고, 사업 이야기가 아니면 사교적이지 않은 한 부회장이 굳이 열심히 대화에 응할 이유도 없었으므로 통상적인 답변으로 대했다.

인재를 크고 바르게 길러내는 것이 중요하다는 등 거창하지만 길고 지루한 연설이 끝나자 어제 사장단과 함께 먹은 것과 거의 비슷한 식사가 나왔다. 대충 다 먹을 때까지 아무도 한 부회장에게 찾아와 인사하는 이는 없었다. 테이블에서 옆 후배들과 건배나 따라 할 뿐이었다. 앞에서는 여러 사람이 나와 와인잔을 들고 연신 한마디하고 건배를 제안했다. 예전에 아버지가 저 자리에서 계셨지만, 한 부회장 자신은 아직 그럴 수 있는 존재가 아니라고 생각했다.

식사가 끝나갈 무렵 총장이 또 마이크를 잡았다. 학교가 큰일을 해야 하니 후원금 약정서를 작성해 달라고 간곡히 이야기했다. 정말로 테이블에 약정서가 놓여 있다. 여기에 오기 전에 심각하게 해외투자 관련 회의를 하다가 만년필을 책상에 두고 나와서 펜이 없었다. 웨이터를 불러 펜을 가져다달라고 하자 옆자리 기계공학과 후배가 자기도 한 자루 더 부탁했다.

'이거 학교에서 건수가 있을 때마다 기부금을 받아갔는데 … . 재작년 개교 50주년 때도 기념관을 짓는다고 해서 10억 원인가 냈고, 과에서도 후배들을 해외연수 보낸다고 해서 매년 2천만 원씩 4~5년 낸 것 같은 데. 물론 다 아버지와 회사 이름으로 냈지 내가 낸 건 아니지만 … .' 그런데 생각해 보니 비록 아버지나 회사 이름으로 기부했어도 아들이자 부회장인 자기를 꿔다 놓은 보릿자루같이 대우하는 것은 기분이 유쾌하지 않았다.

그래도 총장이 요청하니 왔다 간 흔적이라도 남기는 게 좋을 거 같았다. '친구인 학장을 통해 이번 행사에 2천만 원을 기부하기로 약속했으니 오늘은 뭐 그리 유쾌하지는 않아도 형식적으로 약정하자. 체면도 있으니 밥값으로 한 100만 원이면 되겠지!'

약정서를 내려놓으며 옆에 앉은 기계공학과 후배 사업가를 한번 쳐다봤다. 행사 내내 손뼉을 치면서 좋아하던 이 친구는 아직 약정서를 다 작성하지 못한 모양이다. 감동을 받았는지 심각하고 복잡한 얼굴로 천장도 쳐다보고 주변을 두리번거리고 바닥도 응시했다. 아마 수억 원이라도 약정할 듯했다.

모금활동은 사랑을 담아 헌신적으로 역량을 발휘하여 팀워크를 이루어 하는 것이다. 그럼에도 부족하거나 상호 충돌되는 또는 예상치 못한 일들이 일어나곤 한다.

아마 한 부회장과 천 사장이 참석한 행사가 그러했을 것이다. 학교와 행사 준비자들은 최선을 다해 행사를 준비하고, 초청하는 분들에게 어떻게든 연락해서 참석하게 하고, 참석자들의 입장과 여건을 반영하여 자리를 배치했을 것이다. 행사 당일에는 빈틈없이 모든 것을 챙기고, 리허설을 하면서, 시작 몇 시간 전부터 마친 후까지 불미스러운 일이 일어날까 봐 노심초사하며 모든 것을 꼼꼼히 챙겼을 것이다. 그런데도 천 사장 같은 좋은 잠재기부자를 거액기부자로 유치하는 데 실패하고, 더 큰 잠재기부자인 한 부회장의 마음을 심란하게 하고 말았다. 그 행사 이후로 한 부회장이나 천 사장이 얼마를 학교에 더 기부했는지는 알 수 없다.

이제 위 사례의 행사를 돌이켜 보면서 몇 가지 가정 섞인 질문을 던지고 함께 풀어 보자. 먼저 천 사장이 최소한 한 부회장이 어떤 기부자인지 알았더라면 그의 약정액은 변했을까? 이런 가정이 성립하기 위해서는 여러 가지 요건이 충족되어야 한다. 한 부회장과 아버지 회장, 회사의 기부가 통합 관리되어야 한다. 그래야만 한 부회장이 거액기부자임이 드러나기 때문이다. 그리고 이런 사실이 천 사장에게 어떠한 형태로든 알려졌어야 한다. 동문 소식지이든 신문기사이든, 아니면 참석 당일에 동기인 학장이 천 사장에게 테이블에 동석한 한 부회장이 이미 거액기부를 약정한 사람임을 알려 줬어야 한다. 이런 요건들이 충족되어 천 사장이 한 부회장에 대해 알고 있었더라면 약정서를 작성할 때 천 씨는 한 부회장의 약정 내용과 무관하게 자유롭게 약정을 결정할 수 있었을 것이다. 그런 상황이었다면 천 사장은 더 큰 약정을 했을까? 여러분의 상상에 맡기겠다.

둘째, 한 부회장의 자리를 다르게 했더라면 어떠했을까? 학교에서도 사실 행사를 준비하며 한 부회장의 이름이나 회사명, 직책 등을 보고 앞자리에 배정하고, 무역학과 동문과 같이 앉도록 하는 등 신경을 쓰기는 했다. 하지만 그는 외로운 섬처럼 행사 내내 소외되어 있었고, 거액기부자로서의 예우도 제대로 받지 못했다. 한 부회장의 참석에 대비한 준비도 부족했다. 학과에서 중요한 기부자였다면 비록 동기인 학장이 참석하지 못했더라도 부학장을 같은 테이블에 배치한다든지 하는 다른 일련의 대비책을 마련해야 하지 않았을까?

셋째, 한 부회장이 사업이 아닌 일에도 좀더 사교적이었더라면 천 사장의 기부금은 달라졌을까? 개인적 성격이나 소통 스타일은 쉽게 바뀌지 않는다. 그러므로 한 부회장이 학교 모금행사에서 보인 소극적이고 비사교적인 스타일은 달라지기 어렵다. 오히려 소통에 소극적인 한 부회장을 배려하여 테이블에 동석하는 사람을 검토하거나 학교 내 지인을 같이 앉게 하여 편안함을 제공했어야 한다. 한 부회장에게 편안한 여건을 조성했다고 해서 천 사장의 약정액이 달라지는 데 직접적 영향을 미치지는 않았을 것이다. 하지만 앞의 두 질문이 해소되면서 천 사장의 오해는 해소되었을 것이다. 기부자의 개인적 특성이 어떠하냐는 중요한 문제다. 하지만 이에 어떻게 대응하느냐가 더 중요하다.

넷째, 천 사장은 한 부회장의 약정에 흔들리지 않고 자신의 길을 갈 수 없었을까? 만약 천 사장이 한 부회장의 약정서를 우연히 보는 일이 없었더라면 천 사장은 유쾌하게 큰돈을 약정하고 돌아갔을 것이다. 설령 선배인 대기업 부회장의 약정서를 보게 되었더라도 자신의 멘탈을 지키면서 느낌과 생각대로 약정할 수 있었을 것이다. 하지만 기부행위는 때로는 비합리적이어서 멘탈을 예민하게 반영하며, 다른 기부자와 비교하여 최적의 기부액을 주관적으로 찾아가는 사회적 과정이다. 첫 기부의 기준점을 찾아야 했던 천 사장에게 한 부회장은 좋은 준거가 되었다. 선배이고, 큰 회사의 경영인이고, 기부 경험도 있을 것이니 행사에서 한 부회장의 약정액은 천 사장이 의도하지 않더라도 순식간에 기준점으로 작용했을 것이다. 천 사장이 한 부회장의 약정서를 보기 전에는 기준점이 뚜렷하지 않아 자신의 사업 여건이나 아내의 기부, 총장의 연설 등을 고려하여 고민하고 있었다. 그러던 차에 비합리적이기는 하나 한 부회장의 약정이라는 신뢰하고 싶은 기준이 생긴 것이다.

모금활동에서 기부의 준거기준을 설정하는 일은 아주 중요하다. 거리나 전화, TV 모금 광고 등에서 얼마를 기부해 달라고 할 것인지, 최저 기부액을 얼마로 설정할 것인지가 그래서 중요하다. 집중 거액모금 캠페인에서는 이른바 '초기 선도 초거액기부'pace-setting gift를 누가 얼마로 언제 약정했는지가 전체 모금 캠페인의 성패를 좌우하기도 한다. 그러므로 기부를 처음 경험하는 천 사장이 한 부회장의 약정을 준거기준으로 삼고 혼란스러운 중에 자신감을 갖고 그 액수를 적어낸 것이다.

제 9 장

모금행사, 더 잘할 수 있다

이야기 901 **환상적인 음악회의 함정**

1990년대 한국 사회의 시민운동을 주도했던 901 단체는 창립 20주년을 맞이하여 기념사업의 하나로 후원 음악회를 개최하기로 했다. 음악회는 예산만하더라도 단체의 평소 연간 모금 예산을 훨씬 뛰어넘는 대담한 기획이었다.

음악회의 일시를 정했고, 장소로 2천 명을 동시에 수용할 수 있는 서울 시내의 극장을 예약했다. 규모에 걸맞게 연주자와 가수, 합창단을 초빙했으며, 사회자로 유명 배우와 공중파 아나운서를 섭외했다.

단체의 전현직 임직원과 관계자들은 물론 현재 기부자와 예전 기부자, 그친구들, 자원봉사자와 지인들 등 손이 닿을 수 있는 한 최대한 노력해 좌석을모두 채웠다. 초대장을 보내고, 참석 여부를 확인하고, 행사 당일에는 별도의VIP 좌석도 마련하여 단체 리더 간에 교류할 수 있는 시간을 마련하는 등 세심하게 준비했다.

수개월의 준비와 노력으로 멋진 출연자와 홀을 가득 메운 관객을 모시고 후원 음악회가 시작되었다. 설립자는 간단히 인사하고 후원에 감사하고 앞으로도 관심을 가져 달라고 간곡히 요청하며 임팩트 있게 연설을 마쳤다. 본격적으로 음악회가 시작되고 감동적이고 열정적인 공연이 장장 2시간 넘도록 이어졌다.

사회자는 출연자가 바뀌는 중간중간마다 이 행사가 후원 음악회임을 주지시키며 참석자들에게 후원 약정을 부탁했다. 물론 단체와 친한 출연자 대부분도 자신의 공연 중간중간에 단체에 대한 칭찬과 후원요청을 잊지 않았다. 훌륭한 음악회였고, 훌륭한 후원요청이었다. 중간 쉬는 시간도 지나가고 음악회는 성황리에 마무리되었다.

모금행사special event는 가장 선호되는 모금방법으로, 모금 하면 바로 모금행사를 떠올릴 정도다. 모금방법을 구분하라고 하면 모금행사의 종류만 잔뜩 나열하고 전화모금이나 편지모금은 빠뜨리는 사람도 있다. 판을 벌이고 거기서 관대한 관심과 후원을 요청하거나 감동받은 누군가의 기부나 약정을 기대하는 것이다.

표 9-1 전형적인 모금행사

구분	행사 종류	
스포츠행사	• 사이클 종주 • 볼링 토너먼트	• 골프 토너먼트 • 사무실 올림픽
가게 및 부스	• 가방·바구니 가게 • 수제과자 가게	• 도자기 판매 • 행상 카트
음식행사	• 수제과자 판매 • 아이스크림 판매	• 단체장과의 만찬 • 세계 음식 페스티벌
경매행사	• 서적 경매 • 유명인사 기증품 경매 • 특별만남 경매	• 예술품 경매 • 명품·보석 경매
기타	• 기획 풍선행사 • 빙고게임 • 세차행사	• 저금통 모으기 • 아기돼지와의 키스 • 미스터리 팩

자료: 미국 공동모금회 홈페이지 (www.unitedwayjgc.org).

우리나라에서는 후원의 밤, 디너쇼, 음악회, 전시회, 사진전, 초청 잔치, 자선경기, 공개방송, 강좌, 마라톤, 저금통 모으기, 바자회, 자선경매, 일일 찻집, 기념품 제작 및 판매 등 수많은 모금 관련 행사가 벌어진다. 이런 행사는 우리나라에서만 벌어지는 것은 아니다. 미국의 단체들 중 85%가 모금행사를 한다는 조사보고서도 있다.[•] 미국 공동모금회United Way에서는 표 9-1의 행사들을 전형적 모금행사로 권장한다.

모금행사는 하나의 프로젝트다

901 단체의 행사에서는 일단 후원 중심의 대담한 기획이 주목을 끈다. 단체의 역사상 가장 크고 대담하지만 경험한 바 없는 대형 음악회를 기획하고 그에 상응하는 준비기간을 거쳤다. 이 행사가 '후원'에 방점을 두었다는 점도 그 기획의도를 잘 보여 준다.

그리고 기획한 규모에 맞도록 참석자도 열심히 잘 모았다. 수천 명의 관객을 수용하는 대형 극장을 다 채웠고, 이를 위해 명단 작성부터 초청 및 참석 여부 확인까지 빈틈없이 준비했다. 화려한 출연진의 공연도 훌륭했고, 공연 중간중간에 후원의 가치를 전달하는 요청까지 잘 이루어졌다.

[•] *2018 Nonprofit Leadership Impact Study* (Nhu Te, 2018, NonProfit PRO)에 따르면, 모금행사는 미국 비영리단체에서 가장 많이 사용하는 모금방법으로 단체의 85%가 모금행사를 한다고 답했다.

그렇다면 음악회의 규모나 준비에 걸맞게 모금도 성공적이었을까? 901 단체의 후원 음악회는 무엇이 문제였는지 행사는 성황리에 마쳤으나 모금은 기대에 못 미치는 정도가 아니라 '완전히 실패했다'는 자체평가가 나올 정도였다. 후원 음악회라는 명칭이 무색하게 음악회를 통해 후원금이나 후원 약정서는 거의 들어오지 않았다.

　　그도 그럴 것이, 음악회 입장 때나 쉬는 시간에 나눠줬어야 할 약정서가 거의 배포되지 않았다. 약정서는 정가 5천 원짜리 프로그램북을 구입한 참여자에게만 제공되었다. 프로그램북 판매처는 티켓 배부처와 멀리 떨어진 외진 곳에 있었으므로, 참여자들은 대부분 음악회 팸플릿만 받고 프로그램북을 별도로 구입하지 않았다.

　　음악회가 시작되고도 약정서를 작성할 시간적 여유는 거의 주지 않고, 공연과 소개가 꼬리에 꼬리를 물고 이어졌다. 공연 중에 작성하려 해도 공연장이 어두워 뭔가를 적을 수 있는 여건이 되지 않았다.

　　음악회의 중간 휴식시간은 약정을 유도하기에 좋은 기회였다. 그러나 이 시간에 약정서를 나눠주거나(또는 회수하거나), 펜을 빌려주거나, 약정 안내를 단상 혹은 무대에 띄우지 않았다. 그 와중에도 출연자들은 관객들에게 후원을 요청하며 자기 역할을 다했다.

　　공연이 끝나서도 약정서를 작성할 테이블이나, 제출할 데스크를 찾기는 쉽지 않았다. 크고 화려한 성공적 행사에 후원은 묻혀 버리고 만 것이다.

　　수많은 모금행사는 각각 장단점이 있다. 장단점은 단지 비용의 문제는 아니다. 준비기간과 모금 규모, 투입인력의 종류와 규모, 장비설비 활용 여부, 참여자 수 및 구성의 다양성, 외부협력 가능성, 각 단체의 고유 이미지나 역사적 적합성 등에 따라 현재 상황에서 알맞은 행사가 있고 버거운 행사가 있다. 따라서 모금행사를 추진할 때에는 몇 가지 사항은 신중히 검토해야 한다.

먼저 행사를 결정할 때는 목적이 분명해야 한다. 비영리단체가 행사를 하는 주요 목적은 (소액이더라도) 기부자 확보, 거액기부금 약정, 단체 및 사업 홍보, 기부자 예우 및 감사, 회원 관리 및 참여, 지역사회 공헌 및 나눔 등으로 다양하다. 중요한 것은 한 가지 행사로 여러 가지 목적을 동시에 달성하기 어렵다는 것이다. 특히 행사 규모가 커지고 인력이나 자원을 많이 투입할수록 이른바 본전 생각에 여러 목적을 동시에 추구하는데 이는 결코 바람직하지 않다. 따라서 행사를 기획하고 준비할 때부터 그 목적을 명확히 하고 이를 공유해야 하며 끝까지 유지해야 한다. 중간에 갑자기 다른 목적을 추가하는 일은 피해야 한다.

또한 큰돈을 확보하는 것이 주목적이 아니라 단체 홍보나 기부자 만족을 목적으로 삼는 행사라면 목표모금액은 전면에 내세우지 말아야 한다. 요청을 포함한 다음 모금과정을 집중 진행하기 위한 기반을 다지는 형태로 행사를 계획하는 것이 바람직하다.

행사의 목적에 맞게 적절한 장소, 시간, 비용과 노력 등을 결정하면, 사전에 최대한 많은 사전 기부 약정과 유명 인사의 참석을 확정해야만 모금과 홍보의 효과를 동시에 살릴 수 있다. 즉, 모금행사의 성공은 당일의 성과나 반응도 중요하지만 준비기간의 노력에 좌우된다고 할 수 있다. 모금가 입장에서는 반드시 사전에 상당한 액수의 기부금 약정이나 기부자를 확보하는 것이 중요하다. 그리고 가능하다면 행사 기획과정부터 주요 (잠재) 기부자의 의견을 청취하고, 그가 일정 역할을 능동적으로 할 수 있는 기회를 제공하는 것이 좋다. 특히 단체 또는 참석자들에게 영향력을 행사하는 주요 인사의 참여는 매우 중요하므로 사전에 이들의 참석 여부를 확인하고 반드시 참석하도록 권장해야 한다.

모금행사는 가볍게 준비하여 시행하는 경우도 있지만 대부분 오랜 시간을 들여 준비한다. 그러므로 즉흥적이거나 흥미 위주의 프로그램은 가급적 피하고 단체의 전통을 이어가면서 이미지에 부합하는 정례 행사를 마련하는 것이 좋다. 특히 여러 홍보 채널을 활용하고 관계자와 소통함으로써 우선 내부 구성원에게 모금행사의 긍정적 이미지를 심어 주어야 한다. 내부 구성원이 행사에 동원된다고 인식하거나 부담만 가중된다고 느끼면 외부 참석자에게도 좋은 인상을 주기 어렵다. 행사를 기획하고 준비하는 과정에서부터 회의나 부서 간 협의를 통해 정보를 공유해야 한다. 이는 행사에 대한 관심을 확보하는 동시에 행사의 내부 동력을 확보하는 방법이므로 간과해서는 안 된다.

행사 당일에는 후원자를 우대하고 참석자 간 교류의 기회를 마련하는 것이 중요하다. 수동적으로 와서 일방적으로 단체장의 이야기를 듣고 식사한 후 어색한 약정서만 보고 가도록 하는 것은 실패한 행사이다. 참석자의 자리 배치는 반드시 내부 인사와 외부 참석자들이 동석하게 하고, 내부 인사를 중심으로 참석자들이 서로 인사하고 친해지도록 해야 한다. 이를 위해 내부 참석자들은 행사 목적에 관한 사전 교육을 받아야 하고, 외부인들에게 전달하거나 응대할 내용을 숙지하고 있어야 한다.

또한 행사 요원을 제대로 선정하고 준비시킬 필요가 있다. 관련 행사 유경험자를 발굴하여 일정한 권한을 행사하면서 책임을 다할 수 있도록 해야 한다. 이를 위해 행사장 안내에서 마지막 선물 전달과 인사까지 관련 교육을 하고 역할을 숙지하도록 하는 등 행사 요원의 전문성

표 9-2 모금방법별 모금액 대비 소요비용

모금방법	모금액 대비 소요비용
집중 거액모금 캠페인	5~10%
기업·재단 후원	20%
편지 (신규 획득)	100~125%
편지 (재기부)	20%
계획기부	25%
행사	50%

자료: James Greenfield (1999).

확보가 필요하다. 특히 행사 중 예상치 못한 힘든 상황이 발생하더라도 호감과 신뢰를 주는 태도, 강한 책임감, 임기응변 능력 등을 발휘하여 대응하도록 사전에 준비해야 한다.

결국 언론매체, 편지, 전화, 인터넷 등을 통한 적극적 외부 홍보뿐만 아니라 치밀한 검토와 준비, 내부 구성원의 높은 참여, 충분한 예산 확보, 시나리오와 리허설을 통한 사전점검 등이 모금행사 성공의 핵심요소라 할 수 있다.

모금행사를 모금과 동일시하는 통념과 달리, 기부금 확보의 경제성 측면에서 모금행사는 다른 모금방법에 비해 덜 효과적이다. 개인이나 조직을 대상으로 하는 거액모금은 모금액 대비 비용이 3% 전후인 데 비해, 모금행사는 그 종류나 실행방법에 따라 약간 차이가 있어도 모금액 대비 비용이 평균 50%이다.• 그만큼 수고와 노력이 많이 들어가는 반면 잘못하면 본전도 찾기 어려운 것이 바로 모금행사이다.

• James Greenfield (1999), *Fund Raising*: *Evaluating and Managing the Fund Development Process*, 2nd Ed., AFP / Wiley Fund Development Series, New York: Wiley.

그러므로 모금행사에서는 대담한 기획과 준비도 필요하지만, '이왕 하는 행사 크게 해보자'라는 유혹에서 벗어나 실리를 잘 계산하고 챙겨야 한다. 행사가 커질수록 더 많은 후원금이 들어온다고 보장할 수 없는 반면, 주의 사항은 더 많아지고 복잡해지기 때문이다.

행사 규모가 커지면 이해관계가 얽히기 쉽고, 숨겨진 사고나 장애요인도 많아진다. 또한 후원 외의 다른 목적이 끼어들어 행사 콘셉트나 목적이 흐려지고 에너지가 분산될 수 있다. 따라서 목적에 맞게 후원행사의 규모를 적절히 계획하는 일은 아주 중요하다.

실제로 지방의 모 아동단체는 야심차게 수백 명이 참여하는 후원의 밤을 개최하였으나, 이 행사를 통해 새로 기부를 약정한 정기기부자는 단 3명에 불과했다. 물론 이전 기부자들 중에 현금을 기부하거나 일시 약정을 한 사람들이 일부 있었으나, 신규 기부자 확보 측면에서는 참패했다. 이 아동단체가 이후 후원의 밤을 다시 개최하지 않기로 한 것은 오히려 현명한 선택이라 할 수 있다.

겉으로 잘 드러나지 않고 실제 통계가 공개된 적 없는 문제도 있다. 모금행사를 통해 들어온 약정서 중 실제 후원으로 연결되지 않는 이른바 '약정 부도율'은 다른 채널을 통해 들어온 경우보다 훨씬 높을 것으로 추정된다.

행사가 끝나도 행사는 계속된다

한 가지 더 말하자면, 모금행사는 기획하고 준비하여 당일에 잘 진행하는 것도 중요하지만, 행사를 마치고 반드시 별도의 조치가 필요하다는 점도 기억해야 한다. 이를 통해 행사에 대한 피드백을 받는 것은 물론이고, 행사 당일에 약정이나 후원을 하지 못한 사람들에게 또 다른 참여 기회를 제공하며, 향후 모금활동의 개선사항이나 팁을 얻을 수 있다.

《로빈후드 마케팅》*Robin Hood Marketing*의 저자 캐티야 안드레센Katya Andresen은 모금행사 후에 필요한 몇 가지 작업을 제시했다.* 첫째, 직원이나 후원자, 참석자들로부터 행사 중 잘된 것과 그렇지 못한 것에 대한 피드백을 받는다. 그리고 향후에 활용할 수 있도록 이를 기록, 공유한다. 둘째, 후원자나 자원봉사자, 참석자, 직원 등과 행사 결과물이나 사진 등을 공유하고 감사를 표한다. 셋째, 모든 참석자에게 전화해서 감사를 전하고, 행사에 대한 느낌과 핵심 요구사항을 들어보며, 향후 다른 방법으로 참여할 의향이 있는지, 참여를 추천할 다른 사람이 있는지 확인한다. 넷째, 새롭게 파악된 잠재기부자를 접촉하며, 이들에게 행사 결과물이나 사진 등을 제공하고, 다음 행사를 소개한다. 다섯째, 한 달 안에 행사의 성과를 관련된 모든 사람에게 보고한다.

이와 같은 사후 조치나 노력까지 감안하면, 행사비용은 더욱 증가한다. 물론 이를 후원 개발이나 관리를 위한 투자로 인식할 수도 있다. 하지만 행사 자체의 효과나 경제성을 고려하면 모금행사의 성공은 매우 어려운 것이 현실이다.

---

* Katya Andresen (2010), *The Big Event: 5 Tips for Making Your Next Fundraising Event a Great Success* (e-Book), Network for Good.

격려의 밤 vs. 후원의 밤

지난 수십 년간 우리나라의 시민 사회운동을 주도해온 902 단체는 전국에 수십 개 지부를 두었고 국제 네트워크에도 가입하였다. 902 단체는 회비 수입이 전체 재정에서 차지하는 비중이 높아 모금이 그리 활성화되지 않았지만 오랜 전통에 따라 매년 연말이면 후원의 밤을 개최한다.

참석자는 150여 명으로 1년간의 사업성과를 공유하고, 시상과 함께 약간의 공연과 식사가 어우러져 3시간 정도 진행된다. 오랜 기간 후원의 밤을 개최하면서 포맷이나 내용도 크게 바뀌지 않았고, 후원금도 제법 많이 들어온다. 후원금 액수 면에서 단체가 실시하는 활동 중 가장 큰 편이다. 그러다 보니 이 행사가 단체의 가장 크고 중요한 행사가 되었다.

축하공연에 나서는 이들은 대부분 일종의 재능기부로 도와주고, 식사비도 매년 스폰서가 있어서 단체의 부담은 별로 없다. 후원의 밤은 902 단체의 자랑스러운 전통으로 자리 잡은 듯하다. 단체 내부에서도 이제 노하우가 축적되어 큰 어려움 없이 연말이면 무난하게 행사를 치르곤 한다. 외형상 전통도 있고, 안정적이며, 모금 성과도 훌륭한 행사로 평가받는다.

진정한 후원자 행사를 합시다

902 단체가 매년 진행하는 후원의 밤은 특징이 하나 있다. 후원의 밤 참석자 대부분이 시민운동 활동가나 리더, 단체의 관계자이거나 그 지인이라는 점이다. 중앙 본부의 전현직 임직원, 지부의 임직원, 비슷한 시민운동 종사자들과 그 단체 직원들, 사업수행 중 협력한 단체 임직원 및 관계자, 사업 관련 공직자, 그리고 자원봉사자 단체 임직원 가족이나 오래된 동지 등이 참석자의 80% 이상을 차지한다.

한편, 순수한 의미의 후원자는 몇 명 되지 않는다. 후원의 밤에 진정한 후원자는 몇 명만 초대하는 것이다. 그런데 어렵게 모신 후원자는 정작 후원의 밤에서 역할도 별로 없고 그리 주목받지도 못한다. 축사나 건배사는 단체의 리더가 맡고, 여러 가지 상도 임직원이 주로 받는다.

한 가지 더 큰 특징은 동종업계에 종사하는 이들이 후원의 밤 자리를 채워 주다 보니 902 단체의 임직원들도 지부의 후원의 밤이나 파트너 단체의 행사에 참석한다는 것이다. 다른 단체의 행사에 참여하면 품앗이처럼 역시 후원금을 내거나 약정을 한다. 의리를 저버릴 수 없기 때문이다. 대부분의 사람들이 후원을 위해 단체의 활동비나 홍보비를 사용하기보다는 자기 지갑을 연다.

902 단체는 행사를 잘하고, 전통이 있으며, 후원금도 잘 들어온다. 행사를 위한 스폰서도 잘 확보하여 외형 면에서나 내실 면에서 단체에 큰 도움이 된다. 아쉬운 점이 있다면 참석자들의 면면이다. 이른바 동종업계 종사자나 단체 관계자들 간에 어려운 동료들을 위해 상호부조의 정신에 입각하여 서로의 후원자가 되고 후원의 밤에 참석하는 것이다. 이는 문제라고만 할 수 없지만, 후원의 밤이면 후원이나 후원자가 많이 모이고 행사의 중심이 되는 것이 맞지 않을까.

냉정히 생각해 보면, 902 단체와 파트너 단체들의 연말 후원의 밤은 후원의 밤이라기보다는 단체별로 진행하는 격려의 밤이나 송년회로 보는 것이 더 적절하다. 각자 자기의 식사비를 들고 여러 차례에 걸쳐 격려의 밤을 갖는 것이다.

후원 행사와 관련하여 마지막으로 검토해 볼 사항은 초대 대상이나 참여 대상이 누구인지와 이들이 향후 유력한 모금 대상으로 유입될지 여부이다. 후원 행사라면 대부분의 주요 참석자와 그 대상은 후원자 또는 잠재후원자여야 한다.

모금을 위한 특별 행사는 전 세계 어디서나 활성화된 모금방법이다. 그만큼 종류도 많고 다양하며 잘 알려져 있다. 물론 모금의 성과도 좋은 편이며 단체 홍보나 이해관계자 간의 결속력 다지기 등 다른 측면의 효과도 크다.

한편, 모금을 위한 특별 행사는 준비부터 사후 정리에 이르기까지 노력이 많이 들어간다. 다른 모금방법에 비해 경제성도 그리 높지 않은 편이다.

그러므로 단체가 모금을 위한 행사를 준비하고 진행한다면 신중히 세부사항까지 고려해야 성공할 수 있다. 어떻게 하면 기부자 중심의 모금행사가 될 수 있는지, 무엇을 통해 행사의 효과와 효율을 높일 수 있는지, 그리고 노력에 대비해 어떤 유익한 결과를 창출할 것인지 꼼꼼하게 따져 보아야 할 것이다.

제 10 장

모금 크기는 리더십 크기

이야기 1001 **의료원장의 링거 투혼**

유 의료원장은 왼팔에 링거를 꽂은 채로 원장실 문을 열고 들어섰다. 몇 달 전에 수천만 원을 기부한 환자 가족이 병원을 찾아왔고, 발전기금팀에서 정해진 바에 따라 예우를 진행하고 있다는 연락을 비서실장에게서 받았다. 아픈 와중이었지만 그 기부자에게 차 한잔 대접해야겠다는 생각에 원장실로 향한 것이다.

문을 열고 들어서자 기부자와 발전기금팀장이 소파에 앉아 있었고, 기부자 옆에는 병원에서 준비한 선물이 놓여 있었다. 비서가 차를 들여왔고, 얼마간 이런저런 환담을 한 후 기부자는 돌아갔다.

유 의료원장의 병이 회복되어 직무에 복귀한 후 발전기금팀과의 정례회의가 열렸다. 팀장은 며칠 전에 다녀간 기부자에 대해 보고했다. 유 의료원장이 극진히 대접해 주어서 감사하고 의료원에 기부하기를 참 잘했다는 이야기를 했다고 전했다. 하지만 유 원장은 그날 누구를 만났는지, 무슨 이야기를 나누었는지, 무슨 차를 마셨는지, 얼마나 긴 시간을 같이 보냈는지 기억나는 것이 별로 없었다. 자신이 사진을 찍자고 권유했으나 기부자가 유 원장의 병환을 생각하여 거절했고, 그런 이유로 10여 분 만에 환담도 끝났다.

1년 반 전에 모금 컨설팅을 받았을 때, 컨설턴트는 유 원장에게 모금을 위해 업무시간의 30% 이상을 할애해야 하며 최소한 주 1일은 투자해야 한다고 했다. 그때 유 원장은 그저 한 번 씩 웃는 것으로 답을 대신했다. 여러 병원을 거느린 대형 의료원을 경영하는 것도 시간이 모자라는 형국에 모금활동에 30%의 시간을 사용하라는 말이 어이없었기 때문이다.

그런 유 원장이 링거를 꽂고 있는 상황에서도 먼저 지시를 내려 기부자를 만난 것이다. 실제로 유 원장의 한 주 업무시간을 살펴보면, 모금과 관련된 일에 하루 이상을 사용하고 있다. 실무팀과 회의하고, 기부자와 골프를 치며, 잠재기부자와 식사하고, 유력 기부자나 가족이 입원하거나 진료를 받으러 오면 찾아간다. 의과대학 동문을 만나서 후원을 요청하고, 그들의 행사나 모임에 가서 축사 중에 후원 이야기를 하며, 후원자의 애경사를 챙기는 데도 적지 않은 시간을 들인다.

단체의 모든 업무와 관련하여 리더가 차지하는 비중이 51%라는 말이 있다. 모든 일을 다 하는 것은 아니지만, 모든 일에 결정권과 영향력을 가지며, 모든 책임도 리더에게 있다는 말이다.

모금에서 리더가 차지하는 비중도 그러하다. 오히려 더 많은 영향력과 책임이 주어졌다고 할 수 있다. 그 리더가 반드시 최고경영자, 즉 CEO만 지칭하는 것은 아니다. 이사장일 수도 있고, 모금 실무부서 책임자를 포함한 리더 그룹일 수도 있다. 하지만 모금의 핵심 리더는 역시 이사와 CEO이다.

CEO는 모금에서도 수장이다

시간이 흐른 후 유 의료원장이 모금 컨설턴트를 만났을 때 링거사건이 화제에 올랐다. 유 의료원장은 1년 반 전에 업무시간의 30%를 모금활동에 사용해야 한다는 말을 들었을 때는 어이없었지만, 지금은 자연스럽게 모금활동에 시간을 사용한다고 이야기했다. 유 원장이 2년 임기를 마치고 다른 곳으로 옮겨가게 되었을 때, 의료원의 모금액은 유 원장이 취임하던 때에 비해 두 배로 늘어났다.

이 일이 있기 전까지 유 의료원장은 모금 친화적 수장은 아니었다. 담당 부서장과 팀이 있으니 그저 거액기부자와 의례에 따른 약정식이나, 식사를 하고 행사 때 단상의 중앙에서 축사를 하는 수준이었다. 이전에는 기부자를 모시는 행사에서 코사지corsage를 기부자가 아닌 의료원장과 병원 임원에게만 달게 하는 등 기부자 친화성도 낮았다.

그러나 모금담당 부서를 정기적으로 만나면서 행사를 비롯한 각종 계획을 함께 논의·점검하고, 발전위원회에서 위원장과 위원 명부를 확인해 직접 연락하고 식사하는 일에 시간을 할애하기 시작했다. 원장실에 커피머신을 들여놓고, 후원자나 잠재후원자가 방문하면 직접 커피를 내려 주었다. 생일이나 특별한 날을 맞이한 기부자에게 보내는 카드는 이름을 확인하고 직접 사인도 하며 간혹 추신을 달기도 했다. 몇몇 유명인사에게 자선경매 물품을 직접 요청하는 일도 마다하지 않았다.

모금에 대한 이사의 기여와 역할도 중요하지만, 비영리단체의 모금 책임은 우선 CEO에게 있다. 사업이나 프로그램을 제대로 준비하여 추진하는 것만큼이나 안정적 재원을 마련하는 것이 CEO에게는 아주 중요하다. 따라서 비영리단체의 CEO는 모금에 관한 지식과 경험을 가지고 철학적 · 전략적 · 실무적(전술적) 수준에서 사업과 모금을 통합하는 최고 수장의 역할을 수행해야 한다.

효과적 모금을 위해 CEO는 철학적 수준에서 단체의 명분과 관련된 사회적 가치와 지역사회 욕구의 기본 구조를 파악해야 한다. 다시 말해, 자원을 소유한 지역사회가 해당 단체에 기부해야 하는 모금명분을 정리하고, 이것이 기부자들의 선호도나 관심사와 부합하는지에 대해 끊임없이 검토하고 개선해야 한다.

더 나아가 모금과 기부의 가치를 정립하여 자신의 세계관으로 확립함은 물론 이에 대해 이해관계자와 적극적으로 소통해야 하며, 그들의 태도와 행동이 변화할 수 있도록 지속적으로 동기를 부여해야 한다. 이를 위해 단체의 소명헌장과 모금명분서를 가시화하여 단체 내외에 공유하는 것이 필요하다. 또한 모금을 포함한 단체의 윤리적 가치와 행동기준 등을 정립하여 믿을 만하고 제대로 일하는 비영리단체로 인식되는 기초를 마련해야 한다.

하지만 규모의 크기를 막론하고 여러 단체는 모금활동에서 CEO의 역할이 중요하다고 인식하고 이에 동의하나 잘 실행하지는 못한다. 그 결과, 단체는 지속적이고 영향력 있는 모금활동을 추진하지 못하고 어려움에 봉착하게 된다.

따라서 CEO는 시설이나 프로그램 운용 등에 쓰는 시간에서 별도의 시간을 내어 모금의 철학적 수준을 깊이 성찰하고 이를 실행에 옮길 수 있는 방안을 모색해야 한다. 이를 위해 국내외 우수 모금단체를 방문하거나 모금 관련 교육이나 컨퍼런스 등에 참여하는 것도 필요하다.

모금의 전략적 수준에서 CEO의 역할은 모금전략과 계획을 수립하고 이를 실천할 수 있도록 투자와 지원을 하는 것이다. 다시 말해, 어떻게 모금활동을 성공적으로 이끌 것인지에 대해 방향과 수단을 정하고 자원을 배분해야 한다. 이를 위해 모금활동을 포함한 단체의 미션 달성 전략에 대한 계획을 수립하고, 이에 부응하는 모금전략을 수립하는 것이 우선 필요하다. 모금전략이나 계획을 수립하려면 모금전략의 유형과 모금방법, 모금절차 등에 대한 기본적 이해가 선행되어야 한다.

다음으로 모금활동에서 자원 배분과 투자에 대해 CEO가 책임져야 한다. 적절한 수준에서 모금 예산과 인력을 배정하되, 모금전략과 방법에 대한 이해를 바탕으로 통합적이고 장기적인 관점에서 자원을 배분해야 한다. 특히, 모금은 '공짜'로 돈을 받는 것이 아니라 '투자'에 대한 적절한 '성과'로 획득하는 것임을 명심해야 한다. 또한 거액모금 담당과 소액모금 담당을 구분하여 배정함은 물론 기술 및 행정지원 직원도 배정해야 원활한 모금활동을 기대할 수 있다.

안타깝게도 모금의 철학적 수준과 마찬가지로 전략적 수준에서도 이해와 노력에 대한 열망은 있지만 실천이 미흡한 것이 현실이다. 열악한 재정적 여건으로 모금에 투자하거나 전담인력을 두기 어렵고, 이로 인해 모금이 저조한 악순환이 거듭되는 것이다. 이와 같은 악순환을 단절하고 선순환 구조로 전환하려면 이사회의 선투자가 문제해결의 우선적 방법이며, 이사회를 설득하고 협력을 얻어내는 것은 CEO의 몫이다.

모금의 전술적 수준은 사실 CEO가 실무책임자에게 대부분 위임해도 되는 사안이다. CEO는 재정 투입이 필요한 적합한 시점에 모금활동이나 캠페인이 완료되는지, 계획한 일정이 제대로 준수되는지 등을 점검하는 데 집중하면 된다.

CEO가 보통 가장 관심을 많이 두는 전술적 수준의 사안은 신규 후원자 및 회원의 증가다. 하지만 신규 후원자 및 회원은 기부금액이나 비용 면에서 기존 회원의 증액 및 재후원에 비해 효율이 떨어진다. 앞서 말한 바와 같이 CEO는 이런 사안보다 철학적 수준이나 전략적 수준에 관심을 두고 자질을 함양하는 것이 더 중요하다.

이야기 1002 　물거품이 된 의욕

열의가 가득한 새 대표는 단체의 획기적 도약을 위한 방안을 아무런 가정이나 제약을 두지 않고 준비하여 2주 안에 협의하자고 이야기했다. 단체의 대표가 바뀐 후 첫 번째 부서장 미팅 때의 일이었다.

최근 몇 년간 단체의 모금이 하향세로 돌아섰다. 이것이 전임 대표가 재임용되지 않은 이유 중 하나임을 잘 알고 있는 금 부장은 이번이 모금 발전의 큰 기회라고 생각하였다. 사실 모금에서 분위기 반전이 없으면 자신의 입지도 그리 편안하지 않을 것이 자명하였다.

금 부장은 전부터 관심을 갖고 정보를 수집해 둔 거리모금을 이번 기회에 대대적으로 추진하고 싶었다. 전임 대표는 거리모금에 동의했지만 오랜 기간 큰 투자를 요하는 사안이라 새로 취임하는 대표가 결정하는 것이 좋겠다면서 결정을 유보하고 떠나갔다.

금 부장은 1주일이 넘도록 담당 과장, 대리와 협의하여 투자 대비 효과, 다른 유사 단체의 사례, 소요 인력과 예산 등을 자세히 정리하고 자문도 구하여 야심차게 거리모금 실행방안을 준비해서 부서장 미팅에 참석했다. 자기 순서가 되자 금 부장은 당당하게 계획안을 발표했다. 동료 부장들은 금 부장의 발표에 놀란 표정을 짓기도 하고 고개를 끄덕이기도 했다.

발표가 끝나고 부장들의 의견이 이어졌다. 대부분의 부장들은 현재의 모금 여건을 고려하고 그 부진을 탈피하기 위한 방안으로 거리모금은 좋은 대안임에 동의했다. 관리부장은 재원의 압박이 좀 있어도 규모를 약간 줄인다면 실행이 가능하다고 했다. 홍보팀장은 거리에서의 홍보효과도 있어 온라인 홍보와 병행하면 홍보에도 큰 효과가 있을 것이라며 지원하였다.

　드디어 마지막으로 고위 행정관료 출신인 신임 대표가 발언했다. "품위 떨어지게 앵벌이처럼 거리로 사람들을 내몬다고요? 그걸 대안이라고 2주간 준비했나요? 내가 대표가 되자마자 직원들을 거리로 내몰았다는 소리는 절대로 들을 수 없습니다!" 일순간 모든 것이 의미 없는 작업이 되고 말았다.

　몇 년이 흐른 지금 이 단체는 그럭저럭 운영되고 있고, 정부지원금이나 기업스폰서를 통해 여러 가지 사업을 진행하고 있다. 하지만 여전히 기부자와 기부금이 점점 줄어드는 것에 대한 뾰족한 대안을 찾지 못하고 있으며, 모금부서의 인원도 축소되었다.

　이 이야기에서 금 부장이 속한 단체의 신임 대표를 모금의 철학적·전략적·실무적 수준에서 살펴보자. 새 대표가 가진 모금 철학이 드러나는 바로만 판단한다면, 거리모금을 '앵벌이'로 평가하는 것이나, 이를 자신의 체면과 연계하는 면이 상당히 아쉽다.

　이는 모금에 대한 전략적 이해가 부족하지 않은가 하는 의심으로 이어진다. 단체의 재정에서 거리모금이 차지하는 위상이나 역할, 기여를 냉정히 판단하지 못했기 때문이다. 거리모금을 시행하지 않을 전략적 근거는 여러 가지일 수 있다. 다만 세계적으로 유력한 모금방법의 하나로 자리매김한 거리모금의 역할과 기여를 따져 보면서 여기에 투자되어야 하거나 반대급부로 잃을 수 있는 것을 합리적으로 평가해 결정을 내려야 한다. 대표 개인의 선호만으로 감정적으로 내린 결정을 전략적이라 보기 어렵다.

　강력한 의견과 단호한 결정으로 리더십이 확립되고 자신의 스타일을 천명한 것은 신임 대표로서 얻은 것이다. 그러나 신임 대표는 실무적으로 얻은 것보다 잃은 것이 더 많다. 금 부장과 모금부서의 사기는 무너졌고, 그들이 준비에 쏟은 노력과 열정 그리고 전문성이 한순간에 물거품처럼 날아갔다. 모금부서뿐만 아니라 다른 부서장들 역시 금 부장의 발표에 긍정적 의견을 더했는데 신임 대표가 강력히 비난하는 현장을 경험하면서 그들이 신임 대표에게 어떤 인식을 가졌을지는 독자 여러분의 상상에 맡긴다.

모금업무에서 강조되는 CEO의 실질적 책임과 역할은 크게 세 가지를 들 수 있다.

첫째, CEO는 기부자를 포함한 잠재기부자에게 단체를 대표하는 모금활동의 '목소리'와 '얼굴' 역할을 수행한다. 이 역할 중에서도 거액기부가 가능한 소수의 잠재기부자를 개발하고 이들에게 기부를 요청하는 일이 제일 중요하다. 이를 위해 CEO는 가능하면 전담직원을 두고 최소 20명에서 100명의 (잠재) 거액기부자와 친밀한 관계를 유지해야한다. 여기에는 거액기부자에게 감사를 표하거나, 조직과 관련된 더 심층적인 정보를 제공하고 초청하는 활동이 포함된다. 앞서 살펴본 거액기부자와의 관계 형성과 유지를 강화하는 것이다. 예우를 포함한 모금 후 관계가 부실하면 후속 기부로 연결되지 못할 확률이 높으며, 기부자 만족도 저하와 함께 신뢰도와 브랜드 이미지가 하락할 수 있으므로 특히 세심하게 주의를 기울여야 한다.

둘째, CEO는 정기적으로 지역사회와의 네트워크 형성에 적극적으로 참여해야 한다. 지역사회에서 활동하는 비영리단체나 관련 집단은 물론이고 기부성향과 여력이 높은 사람들이나 단체들의 모임에 참여하여 단체 인지도와 신뢰도를 높여야 하는 책임이 있다. 따라서 단체 안에서 행정업무 처리에 집중하거나, 사업 관련 외부활동에 주력하는 CEO는 모금 측면에서 바람직한 CEO가 아니다. 나아가, 이와 같은 외부 네트워킹을 통해 모금위원회 등과 같은 자원봉사 조직을 구성하고 운용하는 것도 CEO의 역할이다. 상황에 따라 외부 모금위원회를 구성하지 않거나 이사회 안에 구성하기도 하지만, 모금의 실질적 책임자인 CEO가 일반적으로 이 역할을 수행한다.

마지막으로, CEO는 모금부서에 적절한 자원을 배분하고 모금활동이 원활히 이루어지도록 충분히 지원해야 한다. 모금은 경제성이 매우 높은 재원 조성방법이지만 단체 내 위상이 낮고 충분한 자원을 지원받지 못하는 것이 현실이다. 이는 CEO 대부분이 모금에 적절한 위상을 부여하지 않기 때문이다. 모금부서로 발령받으면 한직으로 좌천되었다는 인식이 단체 내에 발붙이지 못하도록 해야 하며, 모금부서의 든든한 지지세력이 되어야 한다. 특히 적절한 예산과 인력을 배분하고 충분히 지원해야 하며, 전략적 수준에서 모금부서의 의사결정과 행동에 대한 지침을 제시해야 한다.

시간과 노력의 50%를 사용하라

비영리단체로서 모금을 가장 많이 하는 곳은 하버드대이다. 하버드대는 최근 들어 연간 10억 달러, 한화 1조 원 이상을 모금하는 대학으로 기록되었다.[*] 2016~2017년 학교 회기 중 하버드대 의대만 하더라도 100만 달러 이상을 기부한 사람이 21명이며, 10만 달러 이상을 기부한

----

[*] Council for Aid to Education(CAE)의 〈2017년 미국 대학 모금 보고서〉에 따르면 하버드대가 11억 9천만 달러를 모금했고, 다음으로 스탠퍼드대가 9억 5,115만 달러를 모금했다. 이 보고서는 2016년 모금액을 기준으로 2017년에 발간되었다.

개인은 총 93명이다. 하버드대에 단과대학이 10개가 넘고 부속기관 및 시설도 수십 개이니 아마 100만 달러 이상의 기부자는 수백 명일 것이며, 10만 달러 이상 기부자도 1천 명이 넘을 것이다.

단순 수치로 하버드대 기부자 중 10억 원을 기부한 사람이 연간 300명이라면 총장은 휴일을 빼고는 거의 매일 한 명 이상의 거액기부자를 만난다고 볼 수 있다. 실제로 그럴 것이다. 10억 원을 기부하면서 총장과 한 번 만나지 않을 사람은 거의 없을 것이다. 필요에 따라 2~3번을 만난다면 그 수는 더 급격히 늘어날 것이다. 그 숫자가 300명이 아니라 500명, 600명이라면 어떨지 상상해 보길 바란다.

기부자와 관계를 형성하는 데 가장 효과적인 방법은 식사를 함께하는 것이라고 한다. 하버드대 총장이 500명과 연간 두 차례 식사한다면 총장은 매일 세끼를 모두 기부자와 식사해야 한다. 아마 점심식사가 겹쳐 하루에 2~3개의 약속이 잡히기도 할 것이다. 이외에 거액기부자에게 전화도 하고, 편지나 선물도 보내며, 직장을 방문하거나, 병문안과 애경사도 챙겨야 한다. 이런 활동이 다 향후 기부나 추가 기부에 영향을 미치기 때문이다.

혹자는 이렇게 생각할 수 있다. '하버드대라면 유명한 석학과 교수도 많고 세계 1위 대학이니 기부자들이 알아서 줄을 서서 기부하지 않을까?' '탁월한 모금전담 부총장이 있고, 학장도 있는 데다 모금담당 직원도 많은데 굳이 최고 리더인 총장이 나서야 할까?' '모금 말고도 그 크고 복잡한 대학에서 할 일이 수없이 많지 않을까?' 하지만 현실의 총장은 여러 거액기부자들과의 약속에 상당한 시간을 사용한다.

결국 모금과 관련된 역할과 책임을 제대로 수행하려면 단체의 CEO는 시간과 노력의 최소 30% 이상을, 상황에 따라 50% 이상을 모금에 쏟아 부어야 한다. 경우에 따라 교육자로서, 예술가로서, 사회복지사로서, 시민운동가로서, 의사로서의 역할을 당분간 양보해야 할 수 있다. 모금은 리더의 몫이다.

이야기 1003 ▎ 어느 이사회 회의

상임이사는 엑셀 표를 펼쳐 놓고 길고 장황하게 설명했다. 하루에 접촉 수가 몇 명이고, 설명률이 얼마고, 약정기간이 몇 달인지 등을 나열했다. 단체의 거리모금 시행 여부를 결정하기 위해 사무국에서 준비한 자료를 상임이사가 이사회에서 설명하는 시간이었다.

"그래서 얼마씩 들이면 몇 달 후에 손익분기점BEP: break-even point에 이른다는 거죠? 그 기간까지 버틸 투자금이 부족하다는 것 같은데 맞나요?" 사업가인 이사장의 질문에 상임이사는 투자액과 BEP 도달기간, 그리고 예상되는 부족금액을 말했다. 요지는 거리모금을 시작하면 기부자와 기부금이 획기적으로 늘어나겠지만 처음 약 3개월 동안은 자금부족이 일시적으로 발생할 수 있다는 것이었다.

"이 추세가 보수적으로 계산됐나요? 낙관적으로 계산됐나요?" 직업이 회계사인 다른 이사가 물었다. 상임이사는 보수적으로 계산된 것이라고 답변하고 낙관적으로 진행되면 자금부족이 발생하지 않을 수도 있다고 답했다.

"그럼 부족할 수 있는 금액에 대해 어떤 대책이 있나요?" 또 다른 사업가 이사가 질문했다. 상임이사가 주저하는 순간 이사장이 답했다. "이 추세가 맞고 보수적인 것이라면 돈이 부족할 수 있고, 잘되면 그렇지 않을 수도 있다는 거잖아요. 만에 하나 돈이 부족한 상황이 생기면 이사회가 보증하고 대출을 받든지, 이사 중 여유 있는 사람이 빌려주도록 합시다. 3개월 정도라니까요."

1003 단체는 거리모금을 하기로 결정하고 실행하였다. 실제로 자금부족은 발생하지 않았고, 5년 동안 수천 명의 기부자가 거리모금을 통해 확보되었다.

모금 리더십은 이사회에서도 발휘해야

투자 결정은 모금담당자가 아니라 CEO나 이사회가 내린다. 위 사례의 1003 단체는 모금활동을 위한 투자 결정에서 발휘된 이사회 리더십을 잘 보여 준다. 수억 원에 이르는 거리모금 실행에 비용이 얼마나 들어가고, 그 결과 개발되는 기부자 수와 새로이 유입되는 기부금은 얼마이며, 현재 투자 가능한 유보금은 얼마인지 확인하는 합리적 과정을 거쳤다. 그다음 실무진과 상임이사의 거리모금 추진 의지를 반영하여 이사회 안건을 상정하고 이사회의 책임 있는 의사결정과 지원이 뒤따랐다.

1003 단체는 사업가 마인드를 가진 사람들이 이사회에 포진하여 거리모금에 대한 전략적이고 재정적인 판단이 잘 이루어진 경우이다. 오랜 기간에 걸쳐 이사회 개편을 통해 재정 후원 여력이 있는 이사를 영입한 것도 긍정적 조건이었다. 만약 모금을 위해 단체 내에 유보한 투자재원이 없다면, 1003 단체에서 이사들이 그 재원을 충당했듯이 특정 후원자가 일정 수준의 모금비용을 부담하는 지정기부가 필요하다. 만약 단체가 지부나 파트너 단체의 정체성을 가졌다면 본부나 모재단의 지원 요청 등을 시도해 보아야 한다. 정말 의지가 있다면 모금을 위한 대출도 검토할 수 있다. 이사가 모금에 지정기부를 하든 대출을 받든 이 역시 이사회 수준의 결단을 통해 발휘해야 하는 리더십이다.

1003 단체의 이사회는 모금에 대한 확실하고 책임 있는 의사결정을 내렸다. 거리모금의 필요성과 가치, 이에 대한 투자 및 회수와 관련하여 CEO의 분석과 판단을 믿고 이사회에서 모금 역할을 훌륭하게 감당한 것이다.

우리나라 비영리단체의 모금활동에서 가장 아쉬운 점 중 하나가 이사회 및 이사의 역할과 참여이다. 비록 단체의 모금에 관한 총괄적 책임이 CEO에게 있는 것은 분명하지만, 모금에 이사회와 이사들이 참여하고 협력하는 것은 그 못지않은 강력한 축이 된다.

모금과 관련된 이사회와 이사의 이상적 역할은 첫째, 모금 목표의 설정과 승인, 둘째, 실질적 기여, 셋째, 단체 모금활동에의 참여 등 세 가지이다.

이사회와 이사는 첫째로 단체의 중장기 미션, 비전과 부합하면서 이를 지원할 수 있는 모금 목표를 설정하고 CEO가 작성한 모금활동 계획을 승인하는 역할을 수행한다. 연간 모금 목표는 물론 프로그램별 모금 목표, 상황에 따라 모금 캠페인의 모금 목표도 결정한다. 그리고 이를 달성하기 위해 단체의 모금활동 계획이 적절한지 검토하여 승인한다. 또한 모금 목표가 달성되었는지 평가(감사)하는 기능을 수행하는 한편 모금 목표가 달성되도록 CEO나 실무부서의 모금활동을 적극 지원해야 한다.

물론 예외도 있지만 이사는 소속 단체에 기부해야 한다. 이는 이사회에 부과되는 이사회비 외에 별도의 기부이다. 강력히 표현하면, 이사들의 기여 없이는 더 많은 기부자를 확보하기 힘들다. 단체의 법적 최고 책임그룹인 이사회의 재정적 기여가 없으면 여타 외부에 기부요청을 하기 힘들뿐더러 기부에 가장 큰 영향을 미치는 신뢰성도 확보하기 어렵기 때문이다.

따라서 매 회계연도 모금은 이사회 기부부터 출발해야 한다. 이를 위해 이사회 대상 모금활동은 최소한 회계연도가 시작되기 2개월 전부터 진행하는 것이 바람직하다. 모금이 활성화된 미국에서는 단체의 이

사회가 기여하는 기부금 규모가 총 모금액의 20~30%이며, 상황에 따라 절반을 넘기도 한다. 즉, 미국 비영리단체의 이사는 매년 상당한 규모의 거액기부를 하고 있다. 이와 같은 개별적 기부가 비영리단체 이사의 가장 중요한 역할인 동시에 영리회사 이사와 극명하게 대비되는 역할이다.

비영리단체 이사에게 기대되는 두 번째 모금 역할은 '기부금이 필요하다'는 메시지를 전파하는 것이다. 이사는 단체의 재정 안정과 지속가능성에 늘 책임의식을 가져야 한다. 기회 되는 대로, 더 나아가 의도적으로 단체에 기부금이 필요하다는 사실을 다양한 채널을 통해 외부에 알리는 한편 기부금을 가장 합리적인 방법으로 투명하게 집행한다는 것을 보증해야 한다.

따라서 이사는 개인적 면담, 편지, 행사 연설, 각종 기고나 인터뷰 등에서 단체가 기부금이 필요하며 기부금을 받을 만한 자격을 갖춘 단체임을 알리기 위해 준비해야 한다. 그래서 모금과 관련된 이사의 역할에 대해, 이사는 적절한 재원을 '기부하거나'give, '기부자를 소개하거나'get, 아니면 '조직을 떠나거나'get off 하는 자리라고 주장하는 이들도 있다. •

하지만 현실적으로 이사회의 모든 이사가 이처럼 행동할 수는 없을 것이다. 모금과 관련된 의사결정을 내리고, 필요한 재원에 대한 보증도 하고, 비록 외부에 모금의 필요성을 전파하지 않았지만 거리모금의

• "Give, Get or Get Off? What does that mean?", FundraisingForce, 28 April, 2016; "What do the nonprofit board acronyms 3 Ds, 3 Gs, 3 Ts, and 3 Ws mean?", BoardSource, Financial and Fundraising Issues – FAQs 참조.

실행을 중심으로 중요한 모금 역할을 담당한 1003 단체 이사회는 그래서 우리나라에서 흔치 않은 사례이다.

이사들 입장에서 모금활동 경험이 일천하고, 익숙하지 않으며, 심리적 부담을 가지고 있는 것이 현실이다. 따라서 갑자기 이사들에게 모금에 대한 책임과 역할을 강조하고 깊이 참여시키는 것은 부담스럽거나 어려울 수 있다. 기부문화가 발달한 미국에서도 이사들은 잠재기부자에게 기부금을 요청하는 활동에 매우 큰 부담을 가지고 있는 것으로 나타났다. 표 10-1에서 보듯이 '모금'에 대한 이사회의 평가는 가장 낮은 점수를 기록하고 있다.

표 10-1 이사회 주요 역할에 대한 등급 평가

구분	이사회 주요 역할	CEO 평가	이사장 평가
아주 잘함	• 미션의 이해	A-	A-
	• 재정 감사	B+	B+
보통 수준	• 법률 준수와 윤리적 감시	B	B+
	• 최고경영자 지원과 가이드	B	B+
	• 헌신과 몰입	B	B+
	• 프로그램 관련 지식	B	B+
	• 이사회의 역할과 책임 숙지	B	B
	• 이사로서 전략적 사고	B	B
	• 전략 계획의 수용과 추진	B-	B
	• 최고경영자 평가	B-	B
	• 전략 계획 대비 성과 평가	B-	B
도전적 영역	• 지역사회와의 관계 형성	C+	B
	• 법령과 규제 이슈 모니터링	C	B-
	• 이사회의 다양성 증진	C	C+
	• 모금	C	C+

자료: BoardSource (2017).

이사들이 모금활동을 꺼리는 이유는 무엇일까? 그것은 방법을 몰라서일 수도 있지만, 모금을 구걸이라고 여기거나, 기존의 좋은 관계를 이용하여 이득을 취하는 것이라고 생각하거나, 또는 거절에 대한 두려움 때문이라고 한다. *

만약 이사회의 모금 역할이 취약하다면 이사회 구성에서 재정과 모금에 기여할 수 있는 이사의 수를 점진적으로 늘려가는 것이 바람직하다. 이사회 내에 모금위원회를 두는 것도 권장한다. **

이사들이 모금을 어려워하거나 두려워하는 상황이라면, 갑작스러운 압박보다는 다음과 같은 방법을 활용하여 이사의 모금 참여도를 높이는 것이 바람직하다.

우선, 모금과 관련된 이사 워크숍이나 교육을 실시한다. 전체 이사를 한자리에 모아 1박 2일 정도의 일정으로 모금 관련 내용을 포함한 연수회 등을 매년 개최한다. 연수회에서는 모금 관련 내용뿐만 아니라 이사의 역할, 단체의 비전과 사업 등에 관한 내용을 다루며, 이사 간 친밀도 제고를 위한 프로그램도 포함한다. 이를 위해 연수회를 진행하는 전문가나 컨설턴트의 도움을 받는 게 좋다.

다음으로 심리적 부담이 덜하거나 비교적 덜 어려운 모금활동부터 참여시킨다. 예를 들어 잠재기부자나 현물기부 소개하기, 제안서나

---

* "What is one of the most common misperceptions about fundraising?", "Should all board members be required to make an annual contribution?", BoardSource, Financial and Fundraising Issues.
** 모금에 주도적 역할을 하는 모금위원회를 단체가 부담스러워하여 '대외협력위원회', '홍보위원회' 등의 이름을 붙이기도 한다. 이 경우 장기적으로 모금 역할을 회피하는 경향이 생길 수 있으므로 유의해야 한다.

요청 편지에 사인하기, 홈페이지 등에 글이나 사례 게시하기, 감사 프로그램에서 참여 또는 연설하기 등이다. 그리하여 모금활동에 부담감을 경감시키는 동시에 익숙해지도록 한다.

이사의 모금활동 기여에 대한 충분한 감사와 예우를 제공하는 것도 좋은 방법이다. 일반적으로 기부자에 대한 예우만을 시행하는데, 이에 더해 활발한 모금활동을 벌인 이사에게 기부자에 준하는 예우를 제공하는 것도 고려해 볼 만한 방법이다.

특정 이사 혼자서 활동하는 것이 부담된다면 역동적으로 기여하는 다른 이사를 소개해 주거나 관련 미팅을 주선하는 것도 하나의 방법이다. 다른 이사는 단체의 이사도 좋고, 만남을 주선할 수 있다면 타 단체의 이사도 좋다. 다만 주의할 점은 처음부터 너무 역동적이고 적극적인 사람을 만나 사기가 꺾이지 않도록 배려해야 한다.

다른 이사를 만나는 것이 부담된다면 단체의 (이사가 아닌) 자원봉사자나 모금에 숙련된 직원과 협력하여 모금활동을 하도록 한다. 잠재기부자를 팀으로 만나러 가거나, 모금 프로그램을 함께 기획하거나, 모금 만찬이나 행사 등을 같이 준비하고 추진하는 것이 이에 해당한다. 공동으로 책임지고 너무 부담스럽지 않은 일에 참여한다면 비교적 쉽게 모금에 친숙해질 수 있다.

이사의 모금 역할을 강화하는 데 무엇보다 효과적인 방법은 이사들로 하여금 단체의 시설이나 프로그램에 참여 또는 참관하도록 하는 것이다. 단체의 활동과 여건을 몸소 체험하고 눈으로 확인하며, 직원이나 수혜자, 자원봉사자, 회원들을 직접 만나는 것은 모금의 필요성을 인식하고 이에 대한 책임의식을 제고하는 데 필수적인 요인이다.

비영리단체의 이사회와 CEO는 단체의 모든 것을 책임져야 한다. 모금이라고 해서 예외는 아니다. 모금의 중요성을 인지한 단체장이 사업과 실무는 다른 임원에게 위임하고 본인은 모금만 하러 다니는 사례를 굳이 들지 않더라도, 모금에서 CEO와 이사회의 역할은 결코 외면할 수 없다.

작은 단체라면 모금 실무의 세세한 부분까지 리더가 챙겨야 한다. 하지만 리더는 최고 책임자로서 핵심에 주력해야 한다. 리더에게 중요하게 요구되는 것은 모금의 철학과 전략이며 의사결정이고 지원이다. 리더의 관심이 먼 곳은 약해지고, 관심을 받는 곳은 강해진다. 모금도 다를 것이 없다.

더 깊은 생각을 위해 10

모금에 과연 얼마를 투자해야 할까?

재능기부나 자원봉사, 스폰서십 등을 활용하지 않고 정상적 시장가격을 지불한다면 우리나라에서 (월정) 기부자 한 명을 새로 확보하는 데 드는 비용은 20만~30만 원 정도이다. 이는 거리모금에서만 그런 것은 아니며, 전화모금이든 편지모금이든 온라인이나 미디어 광고이든 마찬가지다. 모금이 자동차 부품처럼 규격에 따른 정가가 정해져 있는 일이 아니므로, 같은 모금방법을 사용하더라도 세부 집행내역은 단체마다 편차가 있다.

월정기부자 한 명당 확보 비용이 이 정도라고 가정하면, 특정 단체가 1년에 걸쳐 월정기부자를 1천 명 늘리려면 최소 2억 원을 들여야 한다. 이렇게 큰돈이 드는 모금활동에 조직적 투자를 결정하는 것은 쉬운 일이 아니다. 각종 실행 단가를 최대한 통제한다면 투자비를 좀더 줄일 수 있겠지만, 그래도 여전히 큰돈이라 큰 결단이 필요하다. 실제 현장에서 모금활동이 중요하다고 말하며 어떻게든 키워 보겠다고 하는 단체들도 안타깝게 모금에 대한 투자는 어려워한다.

모금활동은 워낙 확률이 낮은 활동에 재원을 투입하는 일이어서 수십 명을 늘려 보자는 목표와 계획은 오히려 실현가능성이 더 낮다. 예를 들어 1년 내내 매주 전화 10통을 해서 총 500명을 대상으로 50명을 개발한다는 계획과 목표를 세우고 이를 실천에 옮겨 본 경험이 있다면 이것이 얼마나 힘들고 고단하며 실현가능성이 낮은 일인지 뼛속 깊이 느꼈을 것이다. 만약 성공했다면 정말 축하할 일이고, 그 노고는 어떤 상으로 치하해도 부족하다. 그러나 이런 식으로는 기부가 늘지 않기 때문에 모금활동에 제대로 도전하려면 목표를 확실히 정하고, 전담인력을 보강하며, 재원을 투입하여 단체 전체가 전략적으로 주목하며 투자하는 규모가 되어야 한다. 단체가 미션과 비전에 중요한 사업을 추진하듯이 모금을 추진해야 한다.

이렇게 모금활동에 투자하려면 상당한 액수의 돈이 들어가며, 처음 시작할 때는 더 많은 투자가 필요하다. 통상적으로 미국 대학에서는 집중 거액모금 캠페인을 추진할 때 모금 목표액 대비 약 10% 내외의 모금비용을 지출한다. 캠페인 규모와 평소 준비에 따라 많게는 15% 이상을 사용하기도 한다. 호주의 17개 비영리단체가 사용한 모금비용을 조사한 결과, 계산방법에 따라 변수가 있지만 모금액 대비 약 37%의 비용을 지출하며, 그 범위는 17%에서 65% 사이였다. •

무슨 돈이 그리 많이 들어가느냐고 반문하겠지만, 모금활동의 실행에만도 많은 경비가 소요된다. 모금명분서나 브로슈어, 홍보물 제작과 인쇄비, 이들의 발송비, 각종 행사비, 사무실 운영비, 소프트웨어 설치와 운용비, 전화통신비, 홍보비, 회의나 여행비용 등이다. 또 이 활동을 담당하는 각각의 인력에 대한 인건비와 이들 인력의 유지비(4대 보험 포함)가 기본으로 들어간다. 여기에 각종 모금 관련 자료 획득이나 직원 교육, 컨설팅이나 자문비용이 추가되면 투자액은 더 늘어난다. 기부요청을 위한 우편비용, 전화요금, 거리모금 비용, 기부자 개별 면담이나 소그룹 행사 등의 비용은 별도로 필요하다.

이 지점에서 좌절을 경험하는 비영리단체가 많다. 합리적 분석을 통해서든 현실의 절실한 수요에 의해서든 모금활동을 키우려 하는데 모금활동에 투자할 돈이 없는 것이다. 그리고 여러 가지 오해와 부족한 이해까지 겹치면서 '예전보다 더 열심히 해서 기부자를 늘려 보자!'라는 선언적이고 고통스러운 결론에 이르게 된다.

이러면 모금과 기부자는 늘어나지 않는다. 단체를 설립한 초창기나 모금을 처음 시작하는 단계에는 아는 사람들을 후원자로 유치하는 '지인 찬스'라도 사용할 수 있다. 하지만 잘 아는 바와 같이 이 찬스는 두어 번 사용하면 급격히 효과가 떨어진다. 이런 상황이 악순환 고리로 이어지면서 단체는 재정압박과 동시에 모금

• "What is the real cost of fundraising?", https://www.morestrategic.com.au.

압박까지 받는 이중고에 시달린다.

힘든 이중고와 악순환의 고리에서 벗어나는 길은 어느 시점에서든지 모금활동에 과감히 투자하는 것이다. 개발하고자 하는 기부자 수에 따라 다르지만 예산을 세운다면 최소 수천만 원에서 수억 원을 계산해 놓아야 할 수도 있다. 계산 후에는 이를 충족할 만한 자원봉사자나 현물기부자, 재능기부자를 찾고, 이를 반영한 현실적 모금 계획과 투자 계획을 마련해 재원을 조달해야 한다.

모금활동에 돈을 쓸 것인지 여부는 모금활동에 들어가는 돈을 비용으로 보느냐 투자로 보느냐에 따라 달라진다. 앞서 '비용'과 '투자'라는 용어를 혼용했는데, 모금활동에 대한 재정지출은 엄밀히 말하면 비용이 아니라 투자다. 모금활동에 들어가는 돈은 수익으로 돌아오는 데 시간이 걸리고 불확실하기 때문에 비용이라고 생각하면 액수가 너무 커서 지출하기 어렵다. 하지만 일련의 불확실성에도 장기적 수익을 기대하며 돈을 쓴다면 이것은 투자이다. 모금활동에도 투자 없이는 수익도 없다. 비용은 써서 없어지는 것이지만, 투자는 미래의 수익으로 돌아올 것을 기대할 수 있다.

특히 초기 모금 관행과 여건을 단체에 뿌리내리게 하는 데 드는 돈은 비용이 아닌 도전적 투자로 봐야 한다. 언제 회수될지 모를 인력 확보나 소프트웨어 구입, 자료 제작과 인쇄, 직원 교육이나 기획 컨설팅 등은 초기에 다 투자하고 몇 년 내지 장기간에 걸쳐 기부금으로 회수된다. 따라서 모금활동을 비용이 아닌 투자의 관점으로 판단하여 집행하는 용기와 결단이 모금 성공에 꼭 필요하다.

한 가지를 현실적으로 더 생각해 보면, 모금을 처음 시작하는 단계라면 최초 1년간 모금 투자액이 연간 모금액보다 더 클 수 있다. 앞 장에서 기부자 획득과 개발의 개념이 나뉘어 있고, 획득에는 더 많은 재원을 투자해야 한다고 한 것을 기억할 것이다. 특히 단체의 예산 규모가 작을수록 이런 투자 부담은 상대적으로 더 커진다. 만약 이런 투자를 비용으로 계상한다면 웬만한 강심장으로는 선뜻 돈을 지출하자고 결정하기 어려울 수 있다.

우리의 노력과 투자를 들이지 않고 모금이 잘되기는 불가능하다. 노력과 투자를 하지 않는 것은 요행을 바라는 것이며, 모금을, 더 나아가 기부자를 중시하지 않는 단체 문화의 우회적 표현이라 할 수 있다. 모금을 투자로 보는 관점에서 과감하고 용기 있게 도전할 때 좋은 열매를 얻을 수 있으리라고 믿는다.

제 11 장

원칙 있는 윤리적 모금

이야기 1101 **횡재의 그늘**

해외 여러 나라의 어린이 학습권을 보장하고 교육을 진흥하기 위해 학교를 지어 주고 교사를 파견하는 사업을 하는 1101 단체는 사업 10년 만에 어려움에 직면했다. 오래전에 지은 학교 건물의 재건축이나 유지 및 보수 소요가 발생했고, 새로운 학교는 약속대로 지어야 했지만 기존의 기부자들은 이제 새로운 기부에 피로감을 나타냈다.

자금압박을 받던 1101 단체는 지인의 소개로 40대 중반의 모금 전문가 한 명을 부장으로 고용했다. 다른 비영리단체에서 활동했고, 성격도 활발하며, 정치권과 연이 닿아 있어 기업이나 개인 부자들과의 네트워크도 좋다는 평을 받는 인물이었다.

문제는 또 돈이었다. 새로 영입한 부장에게 충분히 보상하기 어려웠던 1101 단체는 적은 액수의 기본급 외에 모금 성과에 연동한 커미션을 주는 조건으로 계약했다. 부장이 스스로 알아서 개발해온 거액기부에 커미션 20%를 지급한다는 내용이었다. 안정적인 고정급을 원했던 부장의 요구를 충족시켜 주기 어려운 상황이었으므로 충분한 커미션으로 보상하는 식으로 합의에 이른 것이다.

이사장은 그간의 경험으로 단체에 거액기부는 건당 수백만 원 수준일 것으로 보았다. 아무리 학교를 짓는 사업이라도 저렴한 해외 건축비를 고려할 때 이 수준의 거액기부 몇 건이면 답답한 사업의 활로를 찾을 것으로 기대하였다. 불행인지 다행인지 반년이 지나도록 신임 부장의 거액모금 성과는 몇 건 되지 않았다. 실망한 이사장은 부장을 불러 실적 부진을 지적하며 다그치기도 했다.

그렇게 1년이 가까워 오던 어느 날, 부장은 환한 미소를 지으며 사무실로 들어왔다. 손에는 약정서 한 장이 들려 있었다. 거기에 적힌 액수는 2억 원으로 단체 역사상 가장 많은 기부금이었다. 이사장은 웃음이 나오다가 이내 마음이 무거워졌다. 2억 원의 기부금은 환영할 일이었지만 커미션 4천만 원을 생각하면 너무 아까웠다.

이사장은 부장을 불러 커미션은 주기 어렵고 연말에 성과급을 좀 받는 게 어떻겠냐고 제안했다. 부장은 이 제안을 거절했고 계약대로 커미션을 지급할 것을 요구하였다. 이사장은 그 기부금이 사업을 하라고 단체에 준 것이니 부장에게 줄 수 없다면서 커미션 지급을 거부했고, 부장은 법원에 소송을 제기하겠다고 맞섰다.

상당한 대립 상황이 진행되었지만 결국 부장이 승리했고, 커미션이 집행되자 부장은 바로 1101 단체를 그만두었다.

모금활동을 열심히 하지 않으면 현장에서 민감한 사안이 벌어질 가능성도 낮지만, 모금활동을 적극적으로 펼치다 보면 모금과 관련하여 민감한 사안이 발생할 수 있다. 그러므로 모금활동을 적극적으로 추진하려면 예상되는 민감하고 난감한 여러 가지 사안에도 미리 대비해야 한다.

최근에 한국 사회에서 비영리단체의 투명성에 대한 논의가 뜨겁게

일고 있다. 몇 년 사이에 벌어진 여러 가지 스캔들로 비영리단체의 신뢰도가 추락하고 후원에 타격을 받았다. 가짜 비영리단체의 모금 사기로 단체 종사자들의 사기가 저하되는 일도 있었다.

원칙 있는 모금

1101 단체와 여기에 영입된 모금 부장의 이야기는 모금 성과에 연동한 성과급제로 벌어지는 전형적 문제를 다루었다. 1101 단체는 신임 부장에게 충분한 보수를 줄 수 없는 상황이었고, 부장이 일구어낸 성과에 비례하여 보수를 지급하는 것이 비즈니스 세계에서 통용되는 관례이므로 큰 문제가 없다고 판단했을 것이다.

비극의 근원은 성과급 4천만 원의 규모에 있는 것이 아니다. 거액모금 활동과 그 보상을 커미션을 기반으로 운영한 것이 근본적 문제이다. 모금액에 비례하여 커미션으로 보상하는 것은 국제적 모금윤리 규정에서 비윤리적인 것으로 규정한다. 1101 단체가 이 사실을 알았더라면 처음 계약했을 때부터 다른 대안을 찾아보았을 것이다.

비영리단체를 운영하거나 모금활동을 하다 보면 모금가나 단체가 통제하기 어려운 사안이 발생할 수 있다. 하지만 이런 문제들은 미리 예측하여 대비하거나 모금 관련 원칙과 기준을 잘 설정함으로써 피할 수 있다.

모금활동이 활발한 단체일수록 '기부금 수용정책'이나 '모금윤리 강령' 등의 원칙을 정하고, 모금업무 가이드 및 매뉴얼을 구비하여 실무에 적용한다. 또 단체의 투명하고 윤리적인 모금활동을 지원하기 위해 모금 또는 모금가와 관련된 단체들* 은 국제적 수준에서 각종 모금윤리 규정Code of Fundraising Ethics이나 기부자 권리장전 등을 제정하여 공유하고 공표한다. 이러한 윤리적 규약과 행동에서 특별히 강조하는 몇 가지 사항을 살펴보면 다음과 같다.

첫째, 모금활동의 우선순위에 관한 것으로, 모금업무에 종사하는 자는 해당 비영리단체가 추구하는 비전과 사명을 개인의 이익보다 우선시해야 한다. 비영리단체의 본질적 목적이 공익이므로 비영리단체의 모금가는 모금활동을 하면서 자신의 사적 유익을 우선시하거나, 모금활동을 사적 유익을 위한 방편으로 사용해서는 안 된다.

둘째, 기부자의 기부금은 사용하기로 약속한 용도에 맞게 사용해야 하며, 사용결과를 기부자에게 보고할 의무가 있다. 해당 기부금의 용도를 전환할 때는 반드시 기부자와 미리 상의하고 동의를 받아야 한다. 그래도 기부금을 집행할 수 없다면 이를 적절한 절차를 거쳐 반환해야 한다.

셋째, 책무성으로, 비영리단체와 모금가는 매년(또는 더 자주) 기부자들이 이해하기 쉽고 일관성 있는 사업과 재정(회계) 결산보고를 시행해야 한다. 이 회계의 절차는 투명성을 요구하는 공익법인 회계기준을 적용해야 한다.

넷째, 가장 민감한 사항으로, 모금 전문가에 대한 보상이 윤리적이어야 한다. 모금 전문가에 대한 적절한 보상은 필요하나, 모금 성과

---

* 국제적 모금단체는 AFP Association of Fundraising Professionals, AHP Association for Healthcare Philanthropy, CASE Council for Advancement and Support of Education, IFC International Fundraising Congress 등을 들 수 있다.

에 일정한 비율로 연동하는 방식으로 지급해서는 안 된다. 단, 사전에 성과규모에 따라 합의한 일정액의 성과급은 지급할 수 있다. 그러나 모금과정과 활동에 기여한 내·외부 인사들에게 알선료를 지급하거나, 모금가에게 모금액 대비 임금을 지급하는 것은 비윤리적 관행으로 본다.

다섯째, 비영리단체는 모금의 효율성을 지키려 노력해야 한다. 비영리단체는 미션과 비전 달성을 위해 모금액의 일정액 범위 내에서 적극적으로 모금활동과 기부자 개발 및 예우 등에 투자해야 한다. 모금에 너무 많은 비용을 지출하는 것도 문제이지만, 부적절한 모금가 임금이나 보상, 기부자와의 빈약한 소통이나 예우 등 부실한 지출 관행도 윤리적이지 않다. 이런 이유로 유대인들은 모금단체에 최소한으로 지출해야 하는 모금비용 비율을 권장한다. 그렇게 하지 않으면 기부자에 대한 예우나 적절한 소통, 모금가에 대한 보상이 원활히 이뤄지지 않게 된다고 보기 때문이다. 사용할 수 있는 최대 비용을 정하는 것은 물론이고 최소한의 기준도 정해야 한다. 효율성을 강조하는 동시에 단체 운영의 합리성 범위 안에서 투명성까지 요구하는 것이다.

여섯째, 강압적 요청을 해서는 안 되며, 기부자의 경제적 상황을 고려하여 요청해야 한다. 모금가와 비영리단체는 부당한 외부의 힘이나 권력을 이용해 강압적으로 모금활동을 하거나, 공적 혹은 공개된 장소에서 부끄러움을 주는 방식, 즉 체면상 어쩔 수 없이 기부하게 하는 식으로 기부를 요청하면 안 된다. 예를 들어 공문서 형태로 기부금 요청서를 보내는 것은 비윤리적이다. 또한 기부자가 기부를 통해 명백히 경제적 위험에 처할 것을 인지한 상태에서 의도적으로 기부를 요청해서도 안 된다.

일곱째, 기부를 요청하는 내용과 방식에서 정직해야 한다. 실제로는 기부자가 선호하지 않는 명분이나 사용처를 위해 기부를 요청하면서 기부자가 선호하는 다른 명분이나 모금 아이템을 대신 제시하는 등의 방법을 사용해서는 안 된다. 그리고 기부를 요청하는 명분이 특정한 것인지 일반적 용도인지 그 범위를 정확히 제시하여야 한다. 추가적 기부를 유도하기 위해 기존의 모금성과를 과장하거나 축소해서도 안 된다. 아직 확정되지 않은 기부를 이미 받은 것인 양 홍보하거나 알리는 것도 윤리적이지 않다.

마지막으로, 무엇보다 기부자와 모금가의 사생활을 보호해야 한다. 모금활동을 하는 비영리단체는 기부자 정보를 신중히 관리해야 한다. 기부자 및 잠재기부자 정보를 다른 단체나 개인에게 양도하거나 다른 용도로 사용할 수 없다. 기부자가 자신의 정보를 삭제해 달라고 요청하면 바로 삭제해야 한다. 그 과정에서 기부자에게 어떠한 불편함도 끼쳐서는 안 된다. 모금가 정보도 역시 마찬가지이다.

받지 말아야 할 돈도 있다

비영리단체에서 모금활동을 할 때에는 기부금품을 가능한 한 여러 곳에서 많이 받는 것을 지향한다. 그렇다고 아무에게나 무턱대고 기부금을 받는 것은 곤란하다. 예를 들면, 공익에 현저히 반하는 개인이나 기관으로부터 제공되는 기부금을 받으면 안 된다. 이를 위해 단체에서는 기부금 수용정책gift acceptance policy을 수립하고 공표해서 기부받을 수 있는 개인과 기관 그리고 기부금을 지정하는 원칙을 세워야 한다.

여성 성착취 문제를 해소하여 성평등 사회를 만들고자 하는 1102 단체는 특정 시기에는 기부금을 거절하기에 바쁘다. 언론에서 여성에 대한 성폭력 사건이나 성착취 사건을 보도할 때마다 비싼 옷을 차려입은 남자들이 현금 다발을 들고 고급 승용차에서 내려 기부금을 받아 달라고 몰려오곤 한다. 한술 더떠 이들은 기부 후 반드시 사무총장이나 회장과 단체 명패가 드러나는 곳에서 사진을 찍고, 이를 보도자료로 배포해 줄 것을 요청한다.

하지만 단체는 이들의 기부를 다 거절한다. 여성 관련 사건이 터진 후 갑자기 현금을 들고 찾아오는 사람들은 대부분 성매매업에 종사하는 사람들이기 때문이다. 그들은 1102 단체에 기부하고 그 증거를 확보해 혹시라도 닥칠 위험에 대비하고, 재판 등에서 선처를 호소하는 근거로 삼으려 한다. 그보다 더 파렴치한 것은 일상적인 삶을 살아야 하는 여성에게 정신적·육체적 피해를 주면서 번 돈으로 아무런 양심의 거리낌 없이 버젓이 자선기부를 하겠다고 나타나는 그들의 행태다.

어떤 단체들은 기부자와 기부금이 부족하여 어려움을 토로한다. 하지만 이 단체의 사무총장과 회장, 후원담당 부서장은 기부금을 거절하면서 울분을 금할 수 없고 화가 나 오히려 돈을 들고 찾아온 사람들을 경찰에 고발하고 싶은 마음이 든다고 말한다.

단체는 같은 일을 하는 다른 단체들과 협력하여 이들 성매매업자와 업소, 그 관계자들의 명단을 만들어 놓고, 비슷한 일이 벌어질 때마다 이 명단을 확인한다. 혹여 실수로 한 사람에게라도 기부금을 받아서 본의 아니게 그들에게 면죄부를 주는 사태가 발생하지 않길 바라기 때문이다.

아무리 재정적으로 어렵고 유혹이 있어도 일반적으로 받을 수 없거나 받으면 안 되는 기부금품이 있다.

첫째, 사회 통념이나 법률에 위배되는 기부금은 받지 않아야 한다.

불법으로 조성된 비자금이나 밀수 등 부당한 거래로 발생한 부당수익, 사기나 갈취 등으로 얻은 수익 등에서 나온 기부금은 거절하는 것이 당연하다. 한발 더 나아가 사회적 위화감이나 퇴폐를 조장하는 사업을 하면서 얻은 수익, 육체와 정신의 건강과 안전에 위해를 가할 가능성이 높은 사업으로 얻은 수익, 사회적 과소비와 허세를 조장하는 사업의 수익 등에서 나온 기부금 또한 거절하는 것이 원칙이다. 단, 이러한 기부금도 조건에 따라 수용할 수 있으므로, 애매한 기부금은 미리 내규를 정해 혼란이나 분란의 여지를 없애야 한다.

둘째, 기부자가 직접 기부의 수혜자를 지정하는 — 예를 들면 기부자의 조카를 지정하여 주라는 장학금 — 등 단체가 수행하기 까다로운 집행 및 예우조건이 부가된 기부금품은 거절해야 한다. 기부자는 기부하기 전에 다양한 조건을 제시할 수 있으며 이에 대해 단체는 합리적 판단을 내려야 한다. 그리고 만약 특정한 조건을 전제로 기부금을 수용하기로 결정하였으면 그 약속을 지켜야 한다. 조건이 붙은 기부금이 더 이상 그 용도로 사용의미가 없어졌거나 그 목적의 달성이 불가능해 용도를 바꾸고자 할 때에는 기부자와 상의해야 하고, 집행이 불가하면 기부금을 반환해야 한다. 그리고 상의할 기부자나 그 유족이 존재하지 않거나 그와 유사한 상태를 대비하여 이의 처리규정을 마련하고 기부자로부터 미리 동의를 받아 놓아야 한다.

한편, 불법은 아니지만 유치가 불가능하거나 소송 등으로 취소될 가능성이 높은 유형의 기부금품은 신중히 받아야 한다. 부동산 중에는 유치권, 근저당권의 설정 등 미래의 손실 가능성이나 권리행사의 제한이 존재하는 것이 있다. 이러한 기부금품을 수용하면 처리에 노력과 비용, 시간이 많이 소모되어 기회비용이 발생하고, 사회적으로도 긍정적 피드백을 받기 어렵다. 더 나아가, 돈을 밝힌다거나 업무추진이 부실하다는 지탄을 받을 수 있다. 다만, 권리행사 제한의 금액 및 범위가 명확히 정해져 있고 그에 상응하는 금전적 기부가 동반된 경우에는 적절한 절차와 평가, 법적 조치 등을 거친 후 수령할 수 있다. 경제적 수익의 실효성이 낮거나 우발적 채무의 발생 등 단체의 장기적 재정 건전화에 악영향을 미칠 것으로 예상되는 기부도 거절하는 것이 합리적이다. 예를 들면, 골동품이나 고가 예술품은 매각할 수 없으면 전시하거나 수장고를 갖추어야 하는 관리비용이 발생하므로 이를 잘 계산해 보고 수용 여부를 결정해야 한다. 또한 땅의 경우 건축과 건물 유지관리에 비용이 너무 들어 경제적 부담을 가중시킬 수 있다. 따라서 어느 한 사람의 판단이나 친소에 따라 수용 여부를 정하기보다 미리 수용기준을 정해 두는 것이 좋다.

이야기 1103 슬픈 폐업의 이유

수년간 거리모금을 대행하던 거리모금 대행업체 1103사는 사업을 시작한 지 채 5년도 버티지 못하고 문을 닫았다. 선도적 대형 모금 대행업체에서 분리하여 처음 거래를 시작할 때는 대형 위탁단체들이 거리모금 직원에게 인건비를 지급하는 형태로 계약하였으나, 2년 전에 계약방식을 바꾼 뒤 경영난을 버티지 못한 것이다.

인건비 지급방식으로 일하던 때에는 1인당 기본 인건비를 책정하고 월 단위로 성과를 종합하여 약정자 수나 약정금액을 기준으로 성과급을 추가로 지급하거나 페널티를 부과했다. 그것이 회사 운영이나 월급에 큰 타격을 줄 정도는 아니었다. 그래서 계약을 갱신하는 시점이 되면, 운영인력 수, 기본급 규모, 총 성과목표나 월별 성과목표를 정하고 인센티브나 페널티의 범위를 정하는 것이 핵심 논점이었다.

그러나 2년 전 단체가 계약방식을 후원자 개발 대비 전면 성과급 형태로 전환할 것을 요구하였고, 약정자 나이나 약정액 조건을 엄격히 조정하였다. 후원자는 만 25세 이상으로 월 3만 원 약정하는 것만 성과로 인정하여, 이를 기준으로 건당 얼마의 성과급을 지급하기로 했다. 이 기준에서 벗어나면 성과로 인정하지 않는 형태였다.

단체와의 대금지급 기준을 바꾼 후에도 1103사의 사장은 직원들에게 여전히 고정급 형태의 월급제를 고수했다. 월급제로 일하던 직원들에게 갑자기 성과급제로 전환하자고 요청하기 어려웠고, 이런 안을 제시하자 몇몇 직원은 반발하며 회사를 떠나기도 했기 때문이다.

몇 개월간 후원자 개발 성과는 급격히 하락했다. 갑자기 새로운 조건을 충족하는 후원자를 개발하는 것이 그리 쉬운 일이 아니었기 때문이다. 거리에서 바람 맞으며 하는 일이라서 직원의 대부분이 20대 중후반의 청년이었고, 이들은 아무래도 젊은 층과의 대화가 편하기 때문에 개발되는 후원자의 상당수가 20대 초반이었다. 그리고 전에는 1만 원이나 2만 원 후원도 성과로 인정받았는데 갑자기 3만 원 이상만 성과로 인정받는 것도 넘기 힘든 조건이었다.

또 다른 문제는 성과급이 바로 전액 지급되는 방식이 아니라는 것이었다. 후원 약정 이후 일정기간 내에 약정을 철회하거나 중단하면 성과로 인정되지 않을 수 있어서 이에 대비한 보유분을 단체가 일정부분 가지고 있다가 분할하여 지급해 주었기 때문이다. 이로 인해 회사의 자금압박이 더욱 가중되었다.

단체와 협상하여 계약조건을 일부 수정하여 개선하기도 했다. 하지만 단체는 자사의 입장에서 충분한 성과급을 지급하는 것이며, 후원자 개발과 관리의 경제성을 고려할 때 개발조건을 파격적으로 바꿀 수는 없다고 했다. 그러면서 성과를 높이면 서로 좋은 것이니 후원 개발을 늘리는 데 주력해 달라고 오히려 압박을 가하였다.

성과를 독려하고, 사장도 거리에 나가 개발하며, 이것저것 비용을 낮추고, 직원을 격려하기도 했다. 그러나 성과는 늘지 않았고 오히려 적자만 더 커지는 것을 막을 수 없었다.

이 이야기에서 성과급 중심으로 계약조건을 변경한 대형 비영리단체의 입장을 이해할 수 없는 것은 아니다. 비영리단체는 늘 재정적 어려움이나 긴장 속에 운영되는 것이 현실이고, 합리적 경영에 대한 압박과 사회적 감시에 노출돼 있기 때문에 어떻게든 비용을 절감할 수 있는 효율적 방법을 찾아야 한다.

그렇다고는 해도 오로지 모금의 경제적 성과만을 중시하여 이를 위해 감수해야 할 위험이나 손실을 타 기관이나 기업, 직원들에게 전가하는 행태는 바람직하지 않다. 만약 이것을 관행으로 여긴다면 이 역시 비영리 영역에서의 '갑질'이라 할 수 있다.

1103사가 만약 단체로 받은 성과급으로 충분히 회사를 운영하고 모금가들에게 보상할 정도로 성과를 만들어냈더라면 회사를 계속 유지할 수 있었을 것이다. 이렇게 보면 폐업의 책임은 1103사의 경영진이나 성과를 제대로 내지 못한 직원들에게 있다고 할 수 있다. 하지만 단체가 감수해야 할 후원자 개발비용의 위험을 위탁회사나 모금가에게 전부 전가한 것은 합리적 경영이라기보다는 사적 이익에 매몰된 부조리한 영리기업의 관행을 답습한 것이다.

모금활동의 투명성을 이야기하는 것은 모금활동에 비용이 들어가기 때문이다. 모금활동에 돈이 들지 않는다면 모금비용에 대해 제기할 문제가 없다. 하지만 모금활동을 제대로 하려면 행사비나 선물비는 물론이고 홍보물 제작과 발송비, 영상제작과 송출비, 사무실 운영비, 결제 수수료, 그리고 무엇보다 인건비와 부대비용이 많이 들어간다.

비영리단체가 이런 투자와 비용을 아끼는 방편으로 적절한 재능기부를 활용하거나, 합리적 계약을 바탕으로 일련의 할인을 받고, 새로운 기술을 함께 개발하는 장을 제공하며, 그 유익을 공유하는 일은 권장할 만하다. 그렇지만 단체의 경제적 유익을 위해 타 기관이나 기업, 직원들에게 희생과 봉사를 강요하거나 위험을 모두 떠넘기는 행태는 지양해야 한다.

기부금을 다 사용했는데 기부자가 비영리단체의 투명성을 믿을 수 없으니 본인의 기부금을 돌려달라는 황당한 상황이 발생하기도 한다. 단체나 모금가의 의지와 무관하게 이런 일이 벌어질 수 있는 곳이 모금 현장이다.

이렇게 민감하고 난감한 상황에 미리 대비해 두어야 이런 상황이 닥쳤을 때 합리적이고 지혜롭게 대처할 수 있고, 이는 또한 모금가의 사기에도 큰 영향을 미친다. 모금활동을 열심히 할수록 챙겨야 할 세세한 사항도 많아지고, 민감하고 난감한 상황에 직면할 가능성도 커진다. 그때마다 임기응변으로 혹은 외부 전문가의 도움을 받아 해결하기는 어렵다. 미리 여러 가지 대비책을 준비하고 규정이나 정책을 갖추어 적용한다면 훨씬 더 슬기롭게 위기를 극복할 수 있을 것이다.

더 깊은 생각을 위해 11-1

받기도 안 받기도 애매한 돈

앞에서 소개한 여성단체에 들어오는 성매매업소 운영자들의 기부금 수용 여부는 비교적 쉽게 판단할 수 있다. 하지만 어떤 경우에는 수용 여부를 판단하기 어려운 기부금도 있다. 이에 대한 대처가 부실하면 비영리단체가 사회적 신뢰를 잃어버릴 우려가 있으므로 신중히 대응해야 한다.

아래 두 이야기를 읽고 과연 어떤 결정을 내려야 할지 생각해 본 다음, 단체 내에서 토론을 통해 기부금의 수용 여부를 결정해 보길 바란다.

> **이야기 1104** 담배회사의 '기업의 사회적 책임 연구기금' 기부 *

20여 년 전 영국 노팅엄대학 University of Nottingham에 담배회사 BAT British American Tobacco가 '기업의 사회적 책임에 관한 국제연구센터 건립기금'으로 540만 달러의 기부금을 약정했다. 그때 담당교수는 BMJ *Business Management Journal* 독자들에게 이 윤리적 딜레마를 어떻게 해결하면 좋을지 질문했다. 이에 투표에 참가한 1,075명의 독자 중 54%가 담당교수가 교수직을 그만두어야 한다고 답했고, 투표자 80% 이상은 노팅엄대학이 그 기부금을 돌려줘야 한다고 답했다.

그 후 담당교수는 사임했지만, 켄트, 던힐 등의 브랜드를 보유한 BAT는 그 교수 사임의 책임을 대학 측에 전가했다. 노팅엄대학은 담당교수의 사임에 유감을 표했으나 기부금 반환 의향은 없다고 발표했다.

그러자 런던 호스피탈대학의 시에드 파야즈 후세인 박사는 "담배는 약물이나

• 〈데일리 뉴스〉, 2001. 5. 19.

무기처럼 수백만 명의 생명을 앗아간다. 기부금 사용처가 인류애를 담고 있고 중요하더라도 인류 희생의 대가로 하는 일은 합법적이지 않다"는 의견을 피력했다.

이야기 1105 비키니 세차업체의 불치병 어린이 돕기 기부[*]

"그런 불쾌한 돈은 사절합니다."

"좋은 일을 하자는데 돈벌이 수단이 무슨 상관입니까?"

비키니 세차 수익금을 자선단체에 기부하는 것을 두고 미국에서 한창 논쟁이 일었다. 미국 시애틀 지역신문인 〈코모뉴스〉는 자선단체인 '메이크어위시재단' Make A Wish Foundation이 세차 서비스업체 '스탠드'의 기부를 거절했다고 보도했다. 보도에 따르면, 스탠드는 비키니 차림의 여성이 세차해 주는 서비스를 제공해 얻은 수익금의 절반을 메이크어위시재단에 기부하겠다고 밝혔다. 불치병을 앓는 어린이들의 마지막 소원을 들어주는 메이크어위시재단 관계자는 그러나 "우리 가족들이 불쾌하게 생각하는 곳과 관계를 맺고 싶지 않다"며 거부 의사를 표명했다.

스탠드 측은 재단의 방침에 발끈했다. 스탠드의 한 종업원은 "비키니 세차로 번 돈인지 아닌지와 상관없이 모금된 돈은 불치병을 앓는 아이들을 행복하게 해줄 것"이라고 반격했다. 스탠드의 운영자 로니도 "중병을 앓는 아이가 디즈니랜드에 가고 싶어 한다고 가정해 보자. 과연 재단은 그 아이에게 비키니 세차로 번 돈을 받지 않아 못 보내 준다고 말할 수 있겠는가?"라며 "아이들은 어떻게 모금된 돈인지 신경 쓰지 않을 것"이라고 주장했다. 그는 수익 여부와 관계없이 재단에 3,500달러(440만 원)를 기부할 계획이며, 비키니 세차 모금도 계속할 방침이라고 말했다.

보도를 접한 네티즌들도 비키니 세차 모금을 놓고 왈가왈부 논쟁을 벌였

• 〈국민일보 쿠키뉴스〉, 2009. 7. 21.

다. 일부 네티즌들은 "'개처럼 벌어 정승처럼 쓴다'는 말이 있듯이 좋은 일을 위해 쓴다는데 문제 될 것이 무엇인가?"라며 비키니 세차 모금을 찬성하였다. 다른 한편에서는 "목적이 좋다고 모든 수단이 다 용납될 수는 없는 것"이라며 반대 목소리를 냈다.

앞서 사회적 위화감이나 퇴폐를 조장하는 사업을 하면서 얻은 수익, 육체와 정신의 건강과 안전에 위해를 가할 가능성이 높은 사업으로 얻은 수익, 사회적 과소비와 허세를 조장하는 사업 수익 등에서 나온 기부금은 거절하는 것이 일반적 원칙이라고 말했다. 그렇다면 노팅엄대학이나 메이크어위시재단은 기부금을 거절하는 것이 타당한가? 아니면 이들 기부금을 받아서 기업의 사회적 책임을 연구하여 좋은 모델을 만들거나, 놀이공원에 가고 싶은 불치병 아이들의 소원을 들어주는 것이 옳은가?

이처럼 애매한 기부금 중에는 일부 수용할 수 있는 조건도 있다. 그러므로 애매모호한 기부자나 기부금에 대해서는 단체나 이사회가 관련 규정을 정하여 혼란과 분란의 여지를 없애는 것이 가장 타당하다고 할 수 있다.

더 깊은 생각을 위해 11-2

기부금품법, 기부문화와 기부금품 모집을 활성화할까?

우리나라는 기본적으로 비영리단체가 활동하거나 모금활동을 하는 데 편리한 법체계를 갖추고 있지 않다. 민법에서 시작하여 각종 단체 설립과 관련된 법부터 상속세 및 증여세법을 포함한 세금 관련 법령까지 수많은 법령을 준수해야 한다. 도대체 몇 개의 법을 준수하고 따라야 하는지 혼란스러울 정도이다.

그중 모금과 관련된 법은 '기부금품의 모집 및 사용에 관한 법률'(기부금품법)이다. 이 법은 "기부금품의 모집절차 및 사용방법 등에 관하여 필요한 사항을 규정함으로써 성숙한 기부문화를 조성하고 건전한 기부금품 모집제도를 정착시키며, 모집된 기부금품이 적정하게 사용될 수 있게 함"을 목적으로 한다.

하지만 그 근본이 오래전 기부금품 모집을 '금지'하는 법에서 시작하여 '기부금품모집 규제법'으로 명칭이 변경되었고, 2000년대에 들어서야 현재의 명칭으로 변경되었다. 이름이 바뀌었다지만 근본적으로 금지를 전제로 제정되어 규제로 발전된 것이기에 그 내용이 '기부문화 활성화' 내지는 '기부금품 모집의 촉진이나 진흥'과는 거리가 멀다.

'기부금품'에 해당하지 않고 제외되는 것이 있다. 정당이나 국가 및 지방자치단체, 학교 등 권력이 있거나 규모가 있는 곳의 금품 모집이 제외 대상이다. 정치자금법이나 보훈기금법 등 10개의 법에 의거한 경우도 이 법의 적용을 받지 않는다. 그러다 보니, 힘없고 작은 단체의 문화예술, 구호나 구제, 자선, 통일, 시민참여, 자원봉사 분야 등만 법의 적용을 받는다.

그렇다면 노래 잘하는 10살짜리 신동 자녀가 가수로 성장할 수 있도록 도와달라는 부모의 사례는 어떻게 보아야 할까? 이들이 등록도 하지 않고 여러 채널을 통해 국민들에게 후원을 요청해서 수천만 원을 모금하고 그 비용도 15% 넘게 들어간다면 법을 위반한 것일까?

개인의 활동을 위해 후원금을 모집하는 것은 기부금품법상 등록 대상이 아니다. 따라서 재능 있는 무명 연예인을 위해 소속사나 본인이 사전 등록 없이 후원금을 받았더라도 기부금품법 위반에 해당하지 않는다. 이는 개인 간 '증여'에 해당하는데 이 경우 증여받은 사람은 무상으로 이전받은 증여재산에 대한 증여세를 내면 된다. 물론 그 액수가 소액이면 면세될 수 있다.

오히려 사적으로 검증되지 않고 투명성을 보장하기 어려운 개인의 사적 '유사모금'은 기부 관련 법의 적용을 받지 않는다. 그것을 잘 모르는 시민은 반대급부를 바라지 않는 착한 심성으로 '기부한다'고 생각하며 행동하지만 사실 세금을 내야 하는 '증여'를 하는 것이다.

기부금품법상 모금활동이 등록제라고는 하지만 사실상 허가에 해당하는 통제를 하는 것이라는 비판도 있다. 현장 활동을 담지 못하는 불분명한 내용도 많고 행정적으로 처리하기 어려운 조건을 두는 등 실효성 자체가 의심을 받기도 한다.

인터넷에 떠도는 말을 인용하자면, '사기성' 모금을 막는 데 주안점을 둔 법이라 할 만하다. 그렇지 않아도 재정적으로 열악하고 행정력이 부족한 개인이나 작은 단체를 보호하고 지원하기보다는 여전히 규제와 통제에 무게가 실려 있다. 이들이 혹시 '잠재적 사기 범죄자'로 취급하는 것 아닌지 하는 합리적 의심이 들기도 한다.

단체들은 지정기부금단체나 비영리 민간단체 등으로 등록했더라도 이 법에 의해 일정 금액 이상을 불특정 다수를 대상으로 모금하려면 내용을 등록해야 한다. 정해진 모집비용 비율을 초과하는 등 법을 위반하면 3년 이하의 징역이나 3천만 원 이하의 벌금에 처해질 수 있다. 오래전 철학자의 말처럼 이 법도 지켜야 한다.

맺음말

이야기는 학습해야 한다

주변의 여러 사례, 즉 이야기들은 우리도 그렇게 할 수 있다거나 그렇게 하면 안 되겠다는 용기와 힘, 그리고 지혜를 비영리단체와 모금가에게 전해 준다. 그럼에도 비영리단체의 모금 현장을 들여다보면 여전히 모금은 어렵고 부담스럽고 힘든, 되도록 안 하고 싶은 업무로 인식하고 있다.

모금가는 한국표준직업분류에 공식 직업으로도 등재되어 있지 않다. 모금활동을 위한 윤리적 기준이나 관행은 물론 업무 표준도 공유된 것을 찾아보기 힘들다. 모금업무에 배치된 비영리활동가들은 모금가로서 정체성을 갖기 어렵다. 모금활동과 비영리활동 간 본질적 관계는 어떠해야 하는지, 모금활동의 기본 절차와 방법은 무엇인지 익히지 못한 채 현업의 바다로 밀려들어가는 경우도 허다하다.

더 아쉬운 것은 비영리단체가 조직적으로 어떻게 모금활동에 투자하고 모금부서를 꾸려야 하는지에 대해 깊이 논의하기 어려운 여건이라는 점이다. 늘 자원이 부족한 상황에서 사업 현장에 몰두하다 보면 모금활동의 우선순위는 단체의 의도와 무관하게 뒤로 밀리게 된다. 또한 사회적 선의에 기대어 기부금을 받으려다 보니 투자보다는 기다리면서 저절로 모금이 되기를 바라는 태도도 종종 나타난다.

모금 현장은 역동성이 낮아서 예전 모금방식을 개선하지 못하고 새로운 방법을 도입하거나 다른 분야에서 기술을 차용하는 데도 소극적 경향을 보인다. 물론 전통을 만들고 지켜가는 것도 중요하다. 하지만 매년 같은 시기에 같은 대상으로 같은 성격의 모금행사를 하고, '연말 후원의 밤-바자회-음악회'라는 틀이 쳇바퀴 돌듯 연연이 이어지는 모습은 안타까움을 자아낸다. 잘못했다고 말하는 것이 아니라, 우리가 마주하고 있는 현실이 그렇다고 이야기하는 것이다.

모금 현장은 복잡하고 어렵다. 모금은 아주 많은 기술과 상황, 변수들이 함께 어우러져야 하나의 작품이 완성되는 종합예술이다. "악마는 디테일에 있다"는 말을 실감하는 곳이 모금 현장이다. 모든 상황과 여건을 예상하여 준비하고 대응책을 마련해 놓아도 작은 사고와 실수는 피할 수 없으며, 자원과 시간의 부족, 이해관계나 상황의 충돌로 누구나 만족하고 행복해하는 완벽한 모금활동은 실제로 불가능하다고 할 수 있다.

그러므로 한두 가지 부족하거나 잘못된 부분이 있다고 해도 단체는 끊임없이 시도하고 개선하면서 앞으로 나아가야 한다. 앞에서 소개된 이야기들 중에 성공적이고 우수해 보이는 것도 그 안을 자세히 들여다보면 부족하거나 실수로 보완이 필요한 부분이 숨어 있다. 그리고 실패한 것처럼 보이는 사례 안에도 종종 보석같이 빛나는 부분이 있다. 중요한 것은 잘된 것은 살리고 부족한 것은 보완하면서 한 걸음씩 앞으로 나아가는 것이다.

　예컨대 한 부회장과 천 사장의 이야기를 살펴보자. 비록 한 부회장의 기분이 좋지 않았고, 천 사장의 약정액이 그의 능력과 관심에 비해 턱없이 낮은 액수였다고 해도 그것은 한 번의 행사에서 드러난 하나의 문제로, 기나긴 모금 여정에서 보면 한 걸음이었을 뿐이다. 그 후 한 부회장과 천 사장의 모교는 그 행사보다 더 멋지고 훌륭한 성공적 모금 행사를 많이 치러냈고 모금액도 크게 늘어났다. 그리하여 대학뿐만 아니라 많은 단체가 모금을 잘할 수 있는 방법을 벤치마킹하는 모금 선도 대학이 되었다.

우리 이야기를 찾아보자

1장부터 11장까지 살펴본 이야기 중에는 이른바 성공사례도 있고 실패 사례도 있다. 유념할 것은 설령 소개된 이야기가 성공적이었다고 해도 그 단체의 모든 모금이 성공적이라거나 그 성공이 반복되어 더 큰 성공 으로 이어지지 않을 수 있다는 점이다. 더 나아가 성공사례의 단체도 어떤 모금활동에서는 진척이 더딜 수 있다.

　따라서 소개된 정도의 성공과 실수로 이해하고, 이를 확대 해석하거나 실패로 낙인을 찍지 말아야 한다. 지지부진한 이야기의 단체 중에도 다른 방식으로 모금에 성공하여 현재 사업으로 사회적 영향력을 충분히 발휘하는 단체도 있다.

　사례가 가진 힘은 그것을 잘 관찰하고 배우며 적용할 점을 찾아 우리 단체에 적합하게 실행하는 데 있다. 성공한 사례든 실패한 사례든 그 것을 읽어 보는 것만으로는 아무런 힘이 없다. 그저 머릿속에 몇 가지

정보를 더 넣는 것일 뿐이다. 다른 단체의 사례에서 배운 것을 우리 단체에 적합하게 실행하는 것은 그리 쉽지 않다. 사례 속 단체의 환경이나 역량과 문화가 우리 단체와 다를뿐더러 그 단체의 기부자와 우리의 기부자도 다르기 때문이다.

그러므로 사례를 그대로 따라 하는 것은 한계가 있다. 기술적으로 표준화된 것을 그대로 적용한다면 큰 문제가 없겠지만, 조건이 다른 사례를 그대로 모방하는 것은 노력만 낭비하는 결과를 초래할 수 있다.

이야기에 힘이 있듯이 기본적 원리에도 힘이 있다. 이야기를 읽고 우리에게 적용할 때는 모금과 관련된 기본적 원리가 어떻게 반영되었고 어떻게 작동하였는지 알아볼 수 있어야 한다. 이 책에서 각각의 이야기는 모금의 기본원리가 어떻게 적용되고 작동하는지 드러내는 데 많은 분량을 할애하였다. 모금의 원리를 충분히 이해한다면 이야기들을 살펴보면서 현실에 적용 가능한 더 풍부한 것들을 찾아낼 수 있을 것이다. 그러므로 사례 자체를 찾아 살펴보는 것만큼 모금 원리와 체계를 숙지하는 것도 중요하다.

또한 사례는 그 일이 다 진행된 이후 정리한 것이므로 이 과정에서 일부의 사실에만 집중함으로써 생기는 정보의 손실을 피할 수 없다. 이렇다, 저렇다 평가하면서 주관적 입장이나 태도도 개입된다. 따라서 이야기를 대할 때는 정리하는 사람이나 읽고 분석하는 사람의 배경지식이나 정보, 세계관이 중요하게 작용함을 알아야 한다. 더 풍부한 배경지식과 정보를 바탕으로 자신만의 관점과 관용적 태도로 이야기를 대한다면 사례로부터 더 많은 것을 얻을 수 있다.

한편, 다른 단체의 여러 사례를 살펴보는 것만큼 가치 있는 일은 자기 단체의 모금활동 자체를 사례와 스토리로 만들어 보는 것이다. 이는 이전에 추진했거나 지금 추진하고 있는 모금활동을 정리하고 평가하는 작업에서 시작할 수 있다. 아마 이 책에 소개된 이야기의 실제 주인공들이 자신의 이야기를 확인한다면 그중에는 "우리 이야기를 이렇게 볼 수도 있나?"라고 반문하는 사람도 있을 것이다. 자신들의 이야기를 단체나 담당자가 정리하고 평가하여 좋은 사례로 남기는 작업에 소홀했다면 이런 반응을 보일 가능성이 높다.

요컨대, 예전에 돌아보지 않았던 자신의 모금활동을 주의 깊게 살펴본다면 스스로의 이야기를 충분히 만들어낼 수 있다. 이를 계기로 모금활동의 자신감을 가질 수 있으며 보완점도 발견할 수 있을 것이다.

모금은 태도가 중요하다

전에는 그분들에게 전화해서 기부금을 요청하는 것이 부담스러웠고, 이미 돈을 내고 프로그램에 참여한 분들에게 후원금 이야기를 꺼내는 것이 타당하지 않다고 생각했습니다. 그분들이 후원에 관심이 있는지도 모르겠고요. 무작정 전화한다고 약정해 주리라는 기대도 없었고, 어떻게 전화할지도 감을 잡을 수 없었습니다. 후원이 필요하다는 것은 머리로 알겠는데 잘 안 되면 어쩌나 하는 두려움이 더 많았습니다. 하나라도 자신 있는 것이 없었습니다. 그때 모금에 대한 인식이 3점이었다면 이제는 8점 정도는 된 것 같습니다.

4장의 403 이야기에 소개된 단체의 모금 실무책임자가 모금 캠페인을 마치고 밝힌 소감이다. 모금에 성공하기 위한 요건이 과연 기술적인 것만 있을까? 이 책임자의 소감을 들어보면 모금에 성공하려면 매력적인 아이디어나 섬세한 기법과 같은 기술적 조건 외에 또 다른 중요한 것이 있다.

지금까지 경험을 통해 얻은 결론은 모금활동을 대하는 태도가 모금의 성공 여부를 가른다는 것이다. 모금활동을 단순히 '부족한 재원을 충족하는 기능적 활동'이라거나, '단체를 운영하거나 사업을 수행하는 데 필요한 불가피한 활동'이라고 보는 태도로는 결코 만족스러운 모금활동을 펼치기 힘들며 그 과정이 행복하지도 않다. '좋은 일을 하는데 당연히 기부금을 주어야 하는 거 아닌가?'라든가, '직접 모금활동에 나서지 않아도 기부금이 들어오는 기적이 일어났으면 좋겠다'라는 소극적 태도로도 단체미션을 달성하고 사회문제를 해결하는 힘을 축적하는 모금활동에 성공하기 어렵다.

　　모금활동은 사회적 문제를 해결함에 있어 비영리단체의 공동 파트너로서 기부자의 마음을 모으고 힘을 결집하는 적극적 과정이다. 모금활동은 단체의 재정난을 해소하기 위한 최후의 탈출구가 아니다. 수혜자를 위한 프로그램을 추진할 때 하고 싶지 않아도 어쩔 수 없이 감당해야 하는 필요악도 아니다.

　　모금을 통해 사회를 더 바람직하고 아름답게 만들 수 있다는 신념, 모금도 단체의 사업만큼 중요한 역할을 하며 이 둘이 협력하여 선을 이룬다는 사고, 사업의 수혜자와 마찬가지로 기부자의 삶도 가치 있고 중요하다는 인식, 최선과 최고를 다해 기부자를 합리적으로 대하는 것이 단체의 책무이자 역할이라는 태도가 성공적 모금활동의 출발점이다. 그리고 모금활동은 결코 단체나 모금가 그리고 활동가의 풍요나 사적 이익을 위해 추진하는 것이 아니라는 당당한 태도, 모금활동과 기부자, 모금가를 위해 일련의 투자를 감행하는 책임의식, 기부자와 모금활동을 위해 끊임없이 학습하며 변화를 추구하는 혁신이 단체와 모금가에게 정착될 때 모금이 진정한 가치를 발휘하게 된다.

이 책의 이야기들을 이런 태도와 관점에서 다시 살펴보기를 바란다. 과연 각 단체의 모금활동을 성공으로 이끄는 태도는 무엇이었는지, 또 어떤 태도가 부족해서 실패했는지 분석해 보는 것이다. 사례들을 기술적 관점에서만 바라보는 것이 아니라 태도의 관점에서 들여다본다면 우리는 더 많은 것을 배울 수 있다.

이러한 태도를 견지하면서 배운 점을 착실하게 현실에 적용한다면, 비록 기술적으로 실패하거나 실수하는 일이 있어도 마침내 아름다운 성공을 이룰 날이 반드시 오리라고 믿는다.

더 나은 모금을 위한 참고문헌

그랜트, 애덤(2013), 《Give and Take: 주는 사람이 성공한다》, 윤태준 역, 생각연구소.

그레이스, 케이 스프링켈 · 앨런 웬드로프(2004), 《기부문화의 대변혁》, 김경희 역, 아르케.

김수지(2010), 《사랑의 돌봄은 기적을 만든다》, 비전과리더십.

김지연 · 이원규 외(2014), 《모금, 시공을 초월한 이야기》, (주)도움과 나눔.

맥크리어, 제니퍼 · 제프리 C. 워커 · 칼 웨버(2015), 《즐거운 모금 행복한 기부》, 아름다운재단 기부문화총서 9, 송철복 역, 나남.

보건복지부 · 한국보건사회연구원, 《나눔실태》, 각 연도.

사회복지공동모금회(2020), 《2020 Mega Giving Trend》.

스미스, 애덤 · 러셀 로버츠(2015), 《내 안에서 나를 만드는 것들》, 세계사.

아름다운재단, 《기빙코리아》, 아름다운북, 각 연도.

이원규(2006), 《비영리 조직운영》, 예영커뮤니케이션.

_____(2019), 《Smart Review: 우리 모금 잘하고 있나?》, SmartRaiser, 비매품.

프럼킨, P.(2018), 《어떻게 기부할 것인가?》, 이형진 역, 아르케.

프린스, 러스 앨런 · 캐런 마루 파일(2015), 《기부자의 7가지 얼굴: 고액기부자의 마음을 사로잡는 방법》, 아름다운재단 기부문화총서 8, 박세연 역, 나남.

플래너건, 조안(2002a), 《성공적인 모금전략》, 안재권 역, 학지사.
_____(2002b), 《모금은 모험?》, 아름다운재단 기부문화총서 2, 임금
선 역, 아르케.
Ahn, B. (2010), 《비영리단체 모금전략》, 한국기부문화연구소.
Seo, K. K. · 윤영섭 · 윤동진(2014), 《대학의 기금조성 방안》, 고려대
학교 대외협력처, 비매품.

Burnett, K. (2002), *A Donor-Based Approach to the Business of Raising Money*, Jossey-Bass.

Drezner, N. D. & F. Huehls(2014), *Fundraising and Institutional Advancement*, Routledge.

Mckinnon, H. (1999), *Hidden Gold*, Taylor Trade Publishing.

Mutz, J. & K. Murray(2005), *Fundraising for Dummies*, Willey Publishing.

Tempel, E. R., T. L. Seiler & E. E. Aldrich(2010), *Achieving Excellence in Fundraising*, Jossey-Bass.

Weinstein, S. (2009), *The Complete Guide to Fundraising Management*, John Wiley & Sons.

Zimmerman, R. M. & A. W. Lehman(2004), *Boards That Love Fundraising*: *A How-to Guide for Your Board*, Jossey-Bass.